Plantando Sementes

Plantando Sementes

Mara Brattig

Título original: Plantando Sementes, casos e mensagens
Copyright 2010 © Mara Brattig

Todos os direitos reservados. Nenhuma parte desta obra pode ser reproduzida ou transmitida por qualquer forma ou meio eletrônico ou mecânico, inclusive fotocópia, gravação ou sistema de armazenagem e recuperação de informação, sem a permissão escrita do editor.

Direção editorial
Soraia Luana Reis

Preparação de texto
Lígia Alves

Revisão
Ana Cristina Garcia

Projeto gráfico, capa e diagramação
Sidney Guerra

Assessoria editorial e de artes
Patricia Nascimento

CIP-BRASIL. CATALOGAÇÃO-NA-FONTE
SINDICATO NACIONAL DOS EDITORES DE LIVROS, RJ

B833p	Brattig, Mara, 1954-
	Plantando sementes : casos e mensagens / Mara Brattig ; [organização Soraia Luana Reis]. - 1.ed. - São Paulo : Rai Ed., 2010. 208p.
	ISBN 978-85-63672-00-1
	1. Conto brasileiro. 2. Mestres ascencionados. I. Título.

10-2702.	CDD: 299.93
	CDU: 289.9
10.06.10 16.06.10	019639

Direito de edição

RAI EDITORA
Rua Conde Moreira Lima, 833
Jardim Jabaquara
04384-030 – São Paulo – SP
Tel- 11- 37290244
www.raieditora.com.br
contato@raieditora.com.br

Sumário

Introdução	7
A beleza do espírito do mamoeiro	9
A saga de Maria Luísa	19
Minha querida Elze Brattig	27
Wando no nível animal	33
A cadelinha Kúki	39
As fadinhas	47
Clorí e seu verdadeiro bebê	53
Amabel e a escolha do bebê certo	63
A língua inglesa e o meu trauma	71
O desapego e o perdão de Ivone	77
Superando o medo de cobra	81
A cura de Albina através do perdão	87
Hospital Luz Divina	93
A casa mal-assombrada	97
A teimosia de Jander	105
O homem que fala com as pedras	111
Na bela e sofrida Jamaica	117
Saulo descobre o sexo com amor	133
Caterina se cura do carcinoma	145
Senhor Júlio se cura através do perdão	153
Zeca merece casar-se e ser feliz	161
Chaolin, o gato Chuchuco	167
O dedo azul	181
A libertação de dona Waltrud	185
O curso no Hotel Momentum	193
A cura com os florais de Bach	199
Conclusão	207

Minha profunda gratidão a todos os mestres ascensionados
que proporcionaram minha reeducação nesta vida.
Reconhecimento aos meus pais, por terem paciência
com a filha diferente que tiveram.
Aos que fizeram o papel de apedrejamento, minha gratidão,
pois modelaram mais rápido a minha lição de vida.
Aos doadores de paz que são meus amigos, meu amor e carinho.
Ao reino vegetal, animal, enteais da natureza, meu decreto.

Introdução

Este não é o único livro que escrevi por determinação direta e clara de Saint Germain.

Neste, o que Ele não mencionou foi que eu levaria quatro anos para concluir o trabalho, porque em alguns casos eu só passaria a conhecer os pacientes fora da minha cidade, em lugares diferentes, em clínicas diferentes.

Escrevi o primeiro caso por ocasião do falecimento de minha avó (Omã), que ocorreu quando eu tinha 18 anos. Esse caso foi o único que não registrei por escrito imediatamente.

Todos os contos tiveram um ponto em comum: os personagens em espírito e os mestres ascensionados, ou seja, o mundo Divino, tiveram muita paciência e esperaram até que eu pudesse "ver" todas as falas, movimentos, roupagem, forma física, luminosidade para só mais tarde passar tudo para o papel.

Mesmo sendo um livro direcionado de cima para baixo, ele perde detalhes subliminares de luzes que envolvem as cenas, pois é mais fácil me exprimir pela fala, expressando a riqueza de detalhes.

Só fui perceber que estava sendo mesmo conduzida depois de haver escrito a maioria dos contos, e aí comecei a entrar em mais detalhes com os mestres. Foi o que aconteceu com o caso do senhor Júlio: eu queria saber sobre a Lei da Precipitação. Você vai conhecê-la ao longo deste livro. Foi impressionante o que "vi" fazerem com aquele homem. É a mesma coisa que encostar o carro numa oficina e substituir uma peça que estava quebrada.

A naturalidade no procedimento intensificou minha atenção para a Lei da Precipitação.

A troca do intestino podre do senhor Júlio por outro me fez rever os padrões em que eu vivia. A Lei da Precipitação poderia trazer um bem sem fim ao nosso planeta. Mas para isso as pessoas precisariam sair do seu mundo medíocre de aparências externas e se dirigir ao seu interior.

Nasci clarividente, e, depois de ter passado tantas experiências diferentes nesta estada, neste planeta, tenho certeza, agora mais do que nunca, de que este livro e os próximos que virão já estavam programados pelos Mestres.

Sou apenas uma intermediadora. Minha intenção é mostrar ao leitor, através do relato dessas vivências, que o Universo é muito maior e mais amplo do que a pobre cultura materialista em que fomos educados.

Tenho certeza também de que a técnica utilizada por Eles é infinitamente ampla.

Em minhas experiências percebi que não é fácil ser discípulo de Saint Germain. Ele é duro no ensinamento, mas é fantástico no aprendizado que nos proporciona. Ele abre um portão imenso e permite que façamos um voo rasante e irrestrito.

O ponto forte do ensinamento é não termos medo. Há limitações plantadas no inconsciente ao longo das vidas, e, quando não há medo, escancaram o sentimento do amor fechado no chakra cardíaco. Essa é a verdadeira frequência do Eu Sou, que passa a se expressar e a atuar 24 horas por dia.

Nessa altura, a vida externa começa a ter as mudanças, e você passa a encontrar a verdadeira felicidade, tão procurada pelos humanos.

A beleza do espírito do mamoeiro

Em uma tarde de inverno, lendo um livro, sentada numa confortável poltrona de minha sala, tive uma experiência fantástica. Eu diria inesquecível!

Assim que me mudei para este apartamento, em Balneário Camboriú, coloquei a cama numa posição tal que, deitada, poderia adormecer olhando o azul e o infinito do céu.

Uma das coisas que sempre me fascinou é andar pela praia no escuro, para observar o imenso céu cobrindo minha cabeça.

Tive a sorte de ser criada observando a natureza por todos os lados e cantos possíveis. Meu pai, um amante da vida ao ar livre, levava a família toda para a praia principal, perto de onde morávamos, para contar estrelas: quem contava mais ganhava seu colo.

Naquela época não existia a Avenida Atlântica. A via de circulação dos poucos moradores era a areia da praia; não havia iluminação pública.

Hoje, sempre que posso, ainda faço isso, mesmo sem a presença física do meu pai. Ando por praias da cidade que não têm iluminação pública, e posso garantir que a sensação é muito boa.

Quando entramos em contato com o universo por meio do visual do infinito céu, a beleza esplêndida preenche a nossa alma, invadindo o nosso ser.

Atribulada com o trabalho e não tendo tanto tempo como antes, contento-me com uma pequena vista do azul do céu, através de uma fresta na janela do quarto.

E assim, tarde da noite, deitada em minha cama, minhas orações eram distribuídas para as estrelas, aos viajantes de luz, na luz.

Volta e meia a leve brisa trazia e levava uma folha de mamoeiro, que atrapalhava minha visão por um curto espaço de tempo.

Driblei a folha do mamoeiro por algum tempo, até que, incomodada com as constantes interrupções, passei a observar o balanço da folha, incluindo-o no meu cenário.

De incomodada passei a observadora. Acompanhei a graça de sua calma num vaivém encantado. O verde da folha espalmada contra o azul do céu fazia um belo conjunto.

Notei que o pé do mamoeiro estava raquítico; tinha nascido rente à parede, do outro lado do muro.

Era uma planta meio magra. Seu caule fino, em relação a sua altura, era desproporcional. Não era para menos: estava num terreno baldio, e, provavelmente, não havia recebido adubo, nem atenção.

Uma característica cultural do nosso planeta é: a partir do momento em que estão no reino hominal, as pessoas deixam de reconhecer os outros reinos por onde já passaram um dia. Mas é preciso tratar bem os outros reinos (vegetal, mineral, animal), para, quando esses reinos chegarem ao reino hominal, não terem a carga pesada de crenças que o reino hominal carrega. O trabalho de limpeza das crenças no inconsciente ou consciente é bem mais difícil, longo, doloroso e dispendioso.

Passei a praticar naquele SER minguado a imposição de mãos que agora se chama de Reiki (naquela época, no Estado de Santa Catarina, não se tinha conhecimento de Reiki).

Todas as noites, bem tarde, aquele ser que contracenava com minha imagem do céu e das estrelas passou a ser meu amigo. Adotei-o.

Um belo dia, observei que seu caule havia engrossado e estava inundado de pequenos frutinhos que, apertados, disputavam um espaço para crescer.

Fiquei muito feliz. Até pensei em retirar os frutos mais fracos para liberar espaço para os mais fortes, mas acabei desistindo.

O mamoeiro, no decorrer de todos os dias, era o foco de meus agradecimentos e conversas; seus frutos acabaram ficando enormes.

Em certa ocasião escutei, na cozinha, as vizinhas que eu não conhecia elogiarem o meu amigo mamoeiro.

Tinha certeza absoluta de que o maior alimento que aquele ser recebera foram minha doação de energia e as conversas que eu mantinha com ele: – Bom dia, meu amigo! Como passou a noite? Estou feliz em vê-lo firme e forte! Quero vê-lo num caule forte, oferecendo belos frutos! Já cheguei do trabalho. Estava com saudade de você!

Sei que o espírito das plantas fala, e o do reino mineral também. Já tive outras experiências com árvores e pedras que respondiam ao que eu perguntava!

Um dia, tive a ousadia de comentar com um grupo de mulheres sobre uma pedra que falava. Aquela pedra era maravilhosa! Ela dizia frases inteiras; sua conversa não era lacônica como a de algumas árvores de outras experiências.

Encontrei aquela pedra solitária não por acaso, junto a outras. Seu brilho era diferente; ela estava em outro padrão, desligando-se do padrão mineral. Quer dizer, seu padrão de energia sobressaía em relação ao das outras. Para minha tristeza, um dia cheguei ao local e ela havia sido enterrada pelo trator da prefeitura no projeto de urbanização da Avenida Atlântica, em Camboriú. Às vezes penso que foi melhor para ela. Não devia ser fácil sentir e ouvir as pessoas que sobre ela se sentavam: um turbilhão de superficialidade dos pobres de espírito que temos no planeta, em minha cidade principalmente, por ser litorânea e turística – nela, a regra principal da cultura é o incentivo às oitavas inferiores, ou seja, os três primeiros chakras: o sexual, o reprodutor e o emocional.

Do grupo das mulheres que passaram pela experiência, todas se sentaram na pedra e tentaram fazer contato; todas tiveram grandes transformações em suas vidas – para melhor.

Conseguiram derrubar a construção velha e erguer uma nova casa. Em outras palavras, conseguiram quebrar algumas crenças e mudar suas vidas para melhor.

Até hoje temos uma ligação forte!

Voltando ao meu amigo mamoeiro, não sei por que ele não interagia comigo. Eu sabia que ele me ouvia; quando chegava em casa, "via" sua energia mudar para a de ouvinte. Acho que ele gostava mais de me ouvir do que de falar.

Sua forma de interagir se limitava, até aquele momento, ao fortalecimento físico, nos grandes e formosos frutos.

Tenho certeza absoluta de que nosso conhecimento sobre esse assunto é paupérrimo. Imagino o quanto poderíamos crescer e aprender com todos esses reinos.

Sei que para a maioria dos leitores tudo isso parece tolice, mas essas experiências são fantásticas e ricas para quem enxerga além da matéria e ouve a distância.

É por isso que precisamos ouvir nossos filhos quando vierem contando algo diferente do padrão conhecido. Procure verificar a veracidade ou a fundamentação, dê-lhe a atenção necessária, para que seu filho não seja enquadrado na família como alguém com problemas mentais – como aconteceu comigo, durante muito tempo, na infância.

É no mínimo constrangedor!

Voltando aos belos e robustos mamões, eles começaram a amadurecer. Resolvi colher um deles para experimentar o sabor de um fruto formado à base de Reiki.

Apoiei a escada no muro e, quando delicadamente o torci em si mesmo, para não machucar o tronco, escutei:

– Está roubando mamão?! Pode parar! Esses mamões são meus.

Rapidamente, recolhi somente uma das mãos, pois na outra a fruta já estava deitada.

Fiquei parada, olhando para a direção de onde vinha o som, e avistei uma senhora de cabelos brancos correndo em minha direção, descalça e desesperada por me abordar "roubando".

Pisando em tábuas velhas de construção, com pregos à vista, jogados naquele terreno baldio, ela gritava muito.

Olhei para aquela cena e não pude acreditar que uma senhora daquela idade estivesse com tanto ódio, pois era o que sua fisionomia expressava.

– Esse mamão é meu! Me dá aqui! – rudemente ela ordenou.

– Desculpe! – respondi. – Não sabia que o mamoeiro tinha dono; o terreno é baldio...

– Eu que plantei! ela grosseiramente enfatizou.

Entreguei o mamão com cuidado, mas ela fez questão de arrancá-lo de minha mão, mostrando seu desagrado. Desconcertada, tratei de descer da escada.

Após descer, pensei em chamá-la e explicar tudo, mas me lembrei de que naquela casa velha morava um espírito jovem (um espírito adormecido). Ela não ia entender.

Voltei para casa, entrei na cozinha e chorei, chorei muito. Pelo mamoeiro, pela senhora, pela experiência, por tudo.

Depois daquele dia, tive dificuldade para me dirigir ao meu amigo, mas não conseguia deixar de ir até a janela e vê-lo. Era tão lindo! Tão formoso, exuberante!

Acabei superando as imagens negativas daquela senhora e me senti feliz novamente.

Certo dia, quando cheguei em casa, notei que a maioria de seus frutos havia sido colhida. Nos lugares onde os frutos foram tirados, a cor era diferente e o sentimento era de dor.

Olhei para as folhas. O mamoeiro estava triste. Concluí imediatamente que a pessoa que colhera seus frutos não havia interagido com a planta. Arrancou-os de modo egoísta, não pediu licença, não agradeceu.

Depois desses dois incidentes, o mamoeiro não vibrava mais como antes. Se antes ele me ouvia, agora se confinava em si mesmo; estava triste.

Eu não sabia o que fazer para mudar o quadro em que se encontrava o meu amigo.

Iniciei uma nova conversa, mas ele não reagia. Pensei que talvez estivesse sentindo, em seu padrão espiritual mais avançado que o meu, algo que eu não sabia distinguir ainda.

Meu lado cientista não sossegava. Procurava respostas e não encontrava – até que um dia tive a explicação.

Sentada na poltrona da sala, concentrada na leitura, vi, por cima do livro, à minha frente, algo que se mexia, crescendo parede acima.

Baixei o livro com o dedo, segurando a página, para olhar melhor.

Abismada, falei em voz alta:

– É uma raiz subindo a parede... da sala?!

Automaticamente o raciocínio me deixou saber de onde vinha a raiz. Percebi que a sala estava toda cheia de raízes entrando.

Senti em meu antebraço algo deslizar para a minha mão. Meus olhos se voltaram para ver o que era.

Fui tomada de um leve sobressalto. Era uma raiz velha, toda enrugada, afagando minha mão. Senti que vinha dela um profundo carinho pela minha pessoa.

Meu braço, que se apoiava no da poltrona, ficou imóvel. A sensação estava tão gostosa que eu não queria me mexer de jeito nenhum.

Até então eu era mais observação do que questionamento. Mas, afinal, de onde vêm todas essas raízes? – me perguntei.

Olhei para o meu lado esquerdo.

– Hum! Que linda. É a base de um tronco!

Fiquei olhando sua enorme base.

A curiosidade levou meus olhos a subir pela base até o teto. A cabeça doía quando eu virava para trás.

– Meu Deus! É o tronco de uma árvore!

Olhei para aquela maravilha, aquele tronco velho, cheio de rugas.

Percebi que ele estava apertado naquele corredorzinho da minha casa e em seguida perguntei:

– Quem é você?

– Sou o espírito do mamoeiro. – ele respondeu, suavemente.

– Você tem boca! Pensei que isso era invenção de livro infantil!

Nesse momento, ele abriu os olhos.

– Você tem olhos também?! Estou encantada com a visita. E nariz também?! Nossa, é um rosto! Como nos livros!

Fiquei perplexa com a presença daquele SER maravilhoso, ali pertinho de mim. Não sabia o que pensar.

– Vim agradecer a energia de doação que você enviou.

Comecei a chorar, emocionada. Lembrei da atitude rude daquela senhorinha, mas tratei logo de desviar esse pensamento.

– Não precisa agradecer. Fiz isso porque amo as árvores, e o mamoeiro estava tão franzino...

– Muito obrigado!

Meus pensamentos agora voavam. Não podia deixar de perguntar tudo o que sempre quis, mas será que ele iria me achar boba? Ah, não sei, mas decidi perguntar.

– Como funciona o sistema do reino vegetal? Poderia me explicar mais ou menos, por cima, dentro dos meus limites?

Meu lado curioso queria um curso, não só conversa. Eu só queria aproveitar o momento. Ai, meu Deus, que lindo!

– Somos uma única energia. – ele respondeu, após uma pausa para pensar.

– Existe uma liderança? perguntei.

– Sim! Essa liderança é que determina as direções.

– Vocês, árvores, conversam entre si, por exemplo, quando estão num jardim?

_ Não! Temos um eixo, um sulco principal: o que uma sente, todas sentem.

– Vocês têm macho e fêmea, como os homens?

– Não! É uma energia só para tudo.

Meus olhos estavam embevecidos diante de tanta beleza. Queria saber mais; estava emocionada e agradecida por tudo aquilo.

Senti em minha mão um leve e delicado aperto, sinalizando o término da visita.

Meus olhos se voltaram para aquela delicada raiz, que parecia uma doce mão afagando minha alma e minha vida naquele momento.

Não conseguia parar de chorar diante de tanta beleza e experiência.

Olhei para o rosto no tronco:

– Você já vai, meu amigo?

Ele não respondeu nada.

Sei que você tem que ir. Obrigada... Muito... Obrigada por existir, por ter vindo fazer uma visita.

Foi a visita mais maravilhosa que alguém poderia receber.

Ele não respondeu, mas a sala ficou tão inundada com sua energia de amor forte que controlei a vontade de chorar para não fazer feio diante de meu amigo.

Devagar, foi retirando sua delicada mão-raiz da minha mão e retornando por onde entrou.

Saiu pela janela do meu quarto, onde tudo começou, e desde então não o vi mais.

Uns dez anos depois, precisei limpar a velha jabuticabeira, que, com a umidade do mar, acaba criando em seus galhos pequenas bromélias, que impedem a produção dos frutos. Para minha surpresa, naquele ano a jabuticabeira produzira além do normal, e tive de subir nela para fazer a colheita.

Deparei-me novamente com o espírito da árvore quando subi em seu tronco. Com um pé em cada galho, o eixo central da jabuticabeira sustentando meu tronco, senti meu corpo abraçado, com o mesmo amor que senti quando a raiz do espírito do mamoeiro tocou meu antebraço.

Na hora me lembrei e me concentrei a procurar aquele lindo rosto. No ponteiro da jabuticabeira estava aquele maravilhoso espírito. Era todo iluminado, nos tons do arco-íris.

Novamente agradeci pelo que a jabuticabeira tinha proporcionado a todos nós. Abracei o ponteiro e fiquei naquela energia de amor até meus pés começarem a doer nas forquilhas dos galhos.

Sempre que me deparo com muito amor de algum reino, minha alma chora, porque a energia é excessivamente rarefeita, caudando em nosso corpo físico uma reação.

Se os seres do reino hominal soubessem o quanto o reino vegetal nos favorece, teriam mais respeito pela natureza.

Mensagem

Este primeiro caso fala da intervenção do ser humano no reino vegetal, aplicando energia de Luz por meio de pensamentos e palavras. Dito de outra forma, é a expressão do nosso Eu Sou através dos nossos pensamentos, uma energia curativa universal.

Todas as pessoas podem fazê-lo.

Ao ganhar saúde, mostrada em suas folhas, tronco e frutos, o mamoeiro veio, na energia de grupo, fazer um agradecimento e se conectar.

Todo o reino vegetal age dessa forma. Por meio de sua energia grupal, os vegetais nos servem. O ser humano, na maioria das vezes, por ignorância, desqualifica essa atitude.

Você leitor, pode constatar esse fato, na feira, no setor de frutas do supermercado ou mesmo em um sítio. Veja a variedade de árvores frutíferas que se doam incondicionalmente na forma de alimentos para nos satisfazer.

Incluí este caso no livro para mostrar ao leitor que a interação com os outros reinos é necessária. O mamoeiro expressou o verdadeiro sentimento de amor, provando que todo o reino vegetal é puro amor – o amor de Deus para conosco por meio dele.

A saga de Maria Luísa

A pedido do grupo de amigos de infância de Maria Luísa, passei a atendê-la.

Maria Luísa aparentava uns 20 anos mais do que sua real idade cronológica e estava muito perturbada. O sofrimento havia deixado marcas profundas em seu rosto e em seu corpo.

Lembro quando era jovem, bonita, simpática e bem comunicativa, o contrário dessa pessoa aparentando depressão e derrota que se apresentava em minha frente.

Natural de Santa Catarina, veio para Balneário Camboriú muito criança. Praticamente a cidade inteira conhecia sua história obsessiva envolvendo um rapaz.

Conto essa história de vida ao mesmo tempo triste e bonita – do ponto de vista terapêutico porque teve um fim de libertação profunda na vida desses dois espíritos, ligados a registros no inconsciente, oriundos de vidas passadas.

Por volta dos 15 anos de idade, Maria Luísa conheceu um jovem um ano mais velho, apresentado pelos amigos, e sentiu por ele um profundo sentimento de amor.

Esse rapaz se chamava Lelinho. Era o filho mais novo de um empresário da construção civil, muito conhecido na cidade e bem-sucedido.

A cidade de Balneário Camboriú era pequena na época, portanto era comum a vida íntima ser ventilada para o coletivo.

Os pais de Lelinho não viviam bem. As brigas eram constantes, e a cidade comentava que o motivo das brigas era a infidelidade conjugal por parte da esposa.

A família era marcada por esse fato, e, como se não bastasse, na época Lelinho já era usuário de drogas.

Único filho homem do construtor, Lelinho não queria saber de ajudar o pai. Sua vida era voltada para festas, desajustes, brigas, loucuras.

Maria Luísa caiu de amores por ele, mesmo avisada pelos amigos de que o rapaz era desajustado, usuário de drogas e vinha de uma família problemática.

Ela não queria saber de nada. Queria viver o intenso amor que sentia por ele. Por diversas vezes, em público, presenciara vexames de Lelinho, mas continuava firme; achava que valia a pena.

Namoraram durante três anos, entre brigas, reconciliações, intervenções dos amigos, juras de amor... no fim, acabaram rompendo definitivamente.

O pai de Lelinho morreu, Maria Luísa conheceu outro rapaz, engravidou, casou-se e foi morar em outro Estado.

Quando engravidou da segunda filha, ela continuou a pensar no seu grande amor. Sua ligação espiritual com Lelinho era forte. Se ele se metia em encrencas graves ela sentia, mesmo estando a quilômetros de distância. Isso a incomodava. Sempre havia alguém que trazia notícias dele e reavivava esse sentimento.

Certo dia, Lelinho sofreu um acidente de moto. Bateu no trator da prefeitura da cidade, que estava parado, quebrado. Na época, ele deixou de tomar as devidas providências, e não entrou com uma ação judicial.

Maria Luísa, depois de dezoito anos de casamento, separou-se do marido e voltou para Balneário Camboriú.

Adivinhem quem ela encontrou? Lelinho! Já com problemas de trombose, na perna ferida no acidente.

Ela o estimulou a ingressar com um processo contra a prefeitura, a fim de obter uma assistência médica decente e não perder a perna.

A família já não estava tão bem de vida depois da morte do mantenedor oficial. Lelinho nunca se preocupara em estudar ou dar continuidade aos negócios do pai. Sua perna precisou ser amputada, e a causa contra a prefeitura foi perdida.

Maria Luísa resolveu viver com Lelinho, seu grande amor, para ajudá-lo a reconstruir a vida.

Os dois decidiram se mudar para uma casa alugada num município vizinho, chamado Meia-Praia, e ali começou a morte lenta de Maria Luísa.

No início tudo correu bem, mas depois, com o convívio diário, começaram os problemas. Ela passou a ser tratada como a empregada da casa: lavava, passava, cozinhava e vendia de porta em porta o artesanato que ele confeccionava.

Sob chuva, sol, geada, não importava: ele a tocava debaixo de chicote para a rua, a trabalhar vendendo as bijuterias.

Mesmo assim, Maria Luísa olhava para aquele pedaço de ser humano e sentia que ele era seu grande amor:

– Um dia ele vai melhorar! – dizia, em voz alta, para si mesma.

Mas a situação só piorava.

Lelinho tinha filhos com outras mulheres, e esses filhos vinham até Maria Luísa pedir ajuda para seus problemas. Ela, de bom grado, os atendia.

Um dia Lelinho a chamou para fazer um garrote, porque sentia muita dor. Ela se assustou ao ver o estado em que estava a única perna do companheiro. Ele acabou perdendo também essa perna, devido à trombose, e passou a depender completamente da cadeira de rodas, doada por pessoas conhecidas.

Maria Luísa sofreu todos os tipos de humilhação por que uma pessoa pode passar: sexual, afetiva, moral, religiosa, familiar, social.

Seus amigos, vizinhos e até mesmo suas filhas a rejeitaram. Não entendiam como uma pessoa podia se submeter, por livre e espontânea vontade, a uma situação daquelas.

Ela passou a viver só com seu grande amor, como sempre quis, isolada de tudo e de todos.

Maria Luísa decidiu então se suicidar, com uma corda pendurada no caibro da casa. Mas não obteve êxito, impedida por Lelinho.

Foi nesse ponto da vida que a encontrei, num barzinho da Avenida Atlântica, com os amigos de infância, completamente fora do ar.

Maria Luísa não dizia nada com nada.

Os amigos a tinham levado para ouvir música e espairecer, e me pediram ajuda terapêutica.

Maria Luísa foi levada para a primeira sessão e passou muito mal.

Dormiu uma semana seguida na casa da mãe, e, nas poucas vezes em que levantou para tomar algum líquido, parecia bêbada. Eram as impurezas de sentimentos mais pesados que estavam sendo eliminadas.

Depois de quinze dias, voltou para a casa de Lelinho. Ao olhar para aquele ser sentado na varanda da casa, na cadeira de rodas, sentiu que não era mais o seu grande amor. Algo havia mudado dentro dela, mas ainda não conseguia se desligar totalmente.

Ela precisou lutar muito para vir à segunda sessão do tratamento. Algo dentro dela tentava impedi-la – confessou, triste.

Nesse tipo de tratamento espiritual é muito comum as pessoas se encontrarem acompanhadas de obsessores: era o caso de Maria Luísa.

Ela respirava obsessão!

Obsessão externa. Existem obsessões internas de níveis.

O sofrimento da vida a colocou num padrão vibratório baixo, um prato cheio para espíritos desencaminhados. Estes se sentiam aconchegados perto dela, que também se via desamparada pela vida.

Ali não se sabia quem segurava ou quem se escorava entre si.

Nessa segunda sessão do tratamento, ela teve uma reação bem ruim: seu corpo pulava na maca, como se estivesse recebendo choques. Aos poucos a angústia foi diminuindo e se acalmando.

Na terceira sessão, Maria Luísa chegou alguns minutos mais cedo; tive a impressão de que estava melhor.

Na quarta e na quinta, ela já conseguia telefonar para Lelinho poucas vezes ao dia – antes havia uma compulsão mórbida.

Em todas as sessões a assessoria espiritual só lidou com impurezas de sentimentos no corpo da paciente e também em registros do seu inconsciente.

Chegando à casa de Lelinho, no dia seguinte tiveram uma briga feia; pegou suas coisas e se mudou para a casa da mãe novamente.

No mesmo dia Lelinho convidou uma moça para morar com ele no papel de esposa. Ao saber disso, Maria Luísa quase enlouqueceu. Parecia que o mundo ia acabar.

– Mara! Pelo amor de Deus, tenho que me libertar deste sentimento que me corrói e aos poucos está me matando!

Era o que repetia muitas vezes.

– Isso não é normal! Está tudo errado!

E não era normal mesmo; só agora ela conseguia perceber a diferença. Era um amor de uma única via, um amor de submissão.

Na sexta sessão descobri o motivo pelo qual ela nutria esse sentimento de amor eterno, mesmo não correspondida, mesmo maltratada. Logo no início, a assessoria espiritual mostrou o que acontecera em vida passada com esses dois espíritos.

A título de esclarecimento, minha função como terapeuta é descrever o que vejo e ouço por meio da terceira visão, ou olho de Horus, ou, ainda, de forma mais popular, como vidente.

A cena se abriu num cemitério, ao sol de pleno meio-dia. Localizado numa cidade pequena, era modesto e caiado de branco. Demorou um pouco e vi, entrando por um dos lados do cemitério, uma mulher literalmente vestida de preto.

Seu cabelo formava um coque na parte de trás da cabeça, e o que o segurava era um pente estreito de dentes longos, parecendo uma típica passadeira espanhola.

Por cima da passadeira, cobrindo a cabeça e o rosto, ela usava um tecido de rendão preto que escorria pelas costas, formando pontas. A frente do véu era mais curta que a parte de trás. Seu vestido preto, de outro tecido, era longo.

E ela se dirigia sozinha para a rua principal do cemitério, segurando nos braços um recém-nascido.

O contraste da luz do sol, da brancura da pintura do cemitério, com aquela mulher alta e magra, toda de preto, era aterrorizante.

Ao longo desta minha vida, através da terceira visão, vi coisas e situações boas e ruins, mas aquela cena eu jamais esquecerei.

Seu sentimento de profundo luto exalava uma energia desconcertante, triste, sem cortejo, sem flores, sem choro, sem amigos ou parentes.

Ela ia andando devagar, para algum ponto, segurando o bebê delicadamente nos braços, e a janela da vidência mostrava a cena de longe, para eu poder concluir meu pensamento e saber o que aquela mulher fazia num cemitério.

Depois de passar a angústia, vi o coveiro retirando do buraco as últimas pás de terra. Concluí que alguém ia ser enterrado, mas ainda não sabia quem!

A câmera, ou minha "visão", aproximou-se da mulher a meio-corpo quando ela chegou perto da cova.

Foi um suspense só!

Ela parou, olhou para o bebê por um bom tempo e foi só aí que "senti" que era seu filho. Ela abraçou o recém-nascido e ali mesmo jurou amor eterno para aquele ser, beijando sua pequenina mão.

Com o braço esquerdo segurou a criança e, com a mão direita, levantou a renda negra de frente do rosto, virando-se para o meu foco direto de visão.

Quase caí da poltrona. Era Maria Luísa em outra vida, mais nova e com as feições totalmente marcadas pela perda do amor daquele filho.

No mesmo instante ela levantou um lencinho branco que cobria o rosto da criança, e a reconheci: era o Lelinho.

Com as feições de um rosto endurecido em pensamento, a mulher jurou amor eterno pelo filho e o entregou nas mãos do coveiro sem derrubar uma lágrima.

O coveiro, com os braços estendidos, recebeu cuidadosamente a criança e a colocou num caixãozinho já preparado na cova.

Senti naquele momento que o coveiro era conhecido dela de longa data e que trabalhava para a família. Durante todo o tempo não vi seu rosto; ele estava sempre de costas.

A cena voltou novamente para Maria Luísa, toda de preto e com as mãos entrelaçadas. Pelo resto da vida ela lamentou a perda do grande amor de sua vida, seu filho!

Morreu triste e amargurada, sempre pensando em seu grande amor.

Entendi por que nesta vida ela era obcecada por esse rapaz. Estava reagindo pelos registros do seu inconsciente de vida passada, quando jurou eterno amor por aquele ser.

Continuou nesta vida fazendo o papel de mãe, subordinando-se ao rapaz de vida desajustada.

Confundia o amor da mãe pelo filho com o sentimento entre homem e mulher.

Relatei tudo à paciente e, desse dia em diante, Maria Luísa sofreu mais uma modificação interna. Já não ligava para o celular de Lelinho com tanta frequência e foi se afastando dele naturalmente, administrando seu interior, suas compulsões.

Em outras palavras, o registro no inconsciente de sentimentos mal qualificados de outras vidas ou desta foi limpo pela assessoria espiritual, possibilitando-lhe encontrar seu "Eu Sou", a nossa Centelha Divina.

Foram necessárias mais algumas sessões para a assessoria fazer o resto da limpeza de que ela precisava.

Depois desse primeiro passo com o paciente, vem o segundo: indicar literatura para introduzir a pessoa no mundo espiritualista e sair dos dogmas da religião. Estes compõem a técnica dos 12 passos para desintoxicar a pessoa mental e fisicamente.

Em geral o paciente é alienado do mundo espiritual, está incrustado no mundo fenomênico, resultado dos dogmas da cultura e da religião.

Dois anos depois de iniciada a cura de Maria Luísa, Lelinho morreu e ela não sentiu sua perda como na vida passada.

Foi ao enterro, e seus pensamentos foram de agradecimento e perdão. Liberou aquele ser de sua ignorância do passado.

Não faz muito tempo a encontrei na cidade. Estava magra, feliz, unhas pintadas e empregada com todos os direitos de nossas leis terrenas.

Quando ela se afastou, fiquei pensando, parada na calçada: não existe nada mais importante na vida do que encontrar Deus dentro de nós. Sermos Deus em ação através do corpo físico.

Ao encontrarmos essa Centelha Divina, tudo flui positivamente na abundância do Universo, tanto na vida pessoal quanto na profissional.

Mensagem

Este caso mostra o sofrimento provocado pelo apego. A jura do profundo sentimento de amor, no íntimo, por aquele filho fez um registro no inconsciente, de ego, que posteriormente, nesta encarnação, lhe trouxe problemas.

Maria Luísa encontrou seu filho nesta vida e lhe fez um juramento de amor eterno. Os dois seres estavam em processo de transformação, porém em níveis diferentes. A conclusão é a de que, como tudo no Universo é energia, devemos ter cuidado com a intensidade dos sentimentos não virtuosos quando prometemos e juramos, pois eles podem estar na condição de comorbidade, isto é, amor com posse.

Expressar o Eu Sou é expressar o amor incondicional.

Minha querida Elze Brattig

Elze Brattig foi, nesta vida, minha avó amada, a pessoa que amparou meu espírito nesta difícil jornada.

Sempre fomos muito ligadas. Era um compromisso de cumplicidade que eu muitas vezes não entendia bem, por ser jovem e imatura. Mas entendia e sentia que ela me protegia de tudo e de todos.

Ela era meu porto seguro, meu anjo da guarda encarnado.

Um dia, ao chegar em casa, vinda da escola, meu irmão informou que nossa Omã (avó em alemão) estava no hospital; tinha sido levada naquela tarde.

Não sei como cheguei até o hospital; só me lembro de quando abri a porta frontal do prédio, que era de face dupla e dava acesso a um largo e comprido corredor.

Já estava escurecendo, e percebi que não havia perguntado o número do quarto. Pensei em procurar uma enfermeira quando vi algo na parede no fundo do corredor.

Cheguei mais perto para identificar melhor e vi que era um anjo. Imediatamente notei que estava parado no ar e descalço.

Meus olhos foram lentamente levantando até o rosto daquele ser, que constatei ser mesmo um anjo.

Sua roupa era azulada, de tecido leve, e se movimentava. As asas eram grandes, e os cabelos, compridos e cacheados.

Entendi que era um sinal, uma mensagem espiritual!

Fiquei ali parada, observando todos os detalhes, apreciando aquela maravilha, quando de repente ouvi uma voz que vinha do anjo, sem ele mover os lábios, dizendo:

– Mara! Agora terminou tudo...

Minha mente custou a registrar a informação, porque eu não tinha relacionado o anjo com minha avó.

Quando caí em mim, entendi que era algo relativo à morte dela; larguei o lindo anjo ali parado e corri até a enfermeira, para perguntar o número do apartamento. Retornei correndo, ansiosa.

Nessa época eu tinha 18 anos, 1,80 m de altura, cabelos lisos até a cintura e bem louros.

Entrei no quarto modesto. Ela estava vestida com um camisolão branco de hospital de cidade de interior, deitada na cama com os olhos fechados.

Havia uma enfermeira segurando seu pulso, medindo os batimentos cardíacos.

De repente a enfermeira saiu correndo e retornou rápido, acompanhada de dois médicos, que também vieram correndo.

Fizeram massagem em seu peito, tentando reanimá-la. Enquanto isso, do outro lado do quarto, na parede, um foco oval de luz clara se formava.

Em meio à movimentação dos profissionais que tentavam salvar a vida da paciente, foi cortado o som e a luz da parede foi aumentando de tamanho.

O quarto todo entrou em profunda paz, e aquelas pessoas ali se movimentavam rapidamente, como marionetes, não participando do que realmente acontecia naquele cômodo.

Os profissionais trabalhavam num nível de dimensão mais denso, sem perceber que a outra dimensão se manifestava, tomando conta do ambiente com um objetivo ainda maior.

Por mais eficientes que fossem esses profissionais, não conseguiriam mudar aquele quadro. Eu estava ciente daquilo, acompanhando a movimentação, tanto de um lado como do outro.

Do centro daquela formação luminosa, que hoje sei que era um portal de passagem dimensional, saiu uma jovem senhora morena de semblante calmo e sereno que observava a paciente e a mim também.

O portal oval tinha em sua beirada externa uma energia que flamejava, chamando minha atenção. A senhora desconhecida saiu dali de dentro, primeiro com seu pé esquerdo, e tinha não menos que 1,70 m. Usava um vestido até o tornozelo de estampa miúda; o tecido era de bom caimento, fresquinho.

Colocou-se à parte do que acontecia, de pé, os braços estendidos ao longo do corpo e as mãos entrelaçadas.

Tive a impressão de que esperava algo.

Olhei para minha avó e o som no ambiente retornou. Um enfermeiro entrou rápido com um aparelho ressuscitador.

Colocaram na paciente aqueles eletrodos. A cada carga de choque eu via minha avó ser levantada pelo tórax, pular na cama, como uma mola num colchão velho.

De repente o som sumiu novamente e a senhora desconhecida de semblante calmo olhou para mim. Nesse instante, um dos médicos, que já tinha tirado a camisa para ficar em cima da paciente e se posicionar melhor para aplicar os choques, disse:

– Vamos lá, vovó... Vamos lá... Vamos lá... Reaja...

Depois de muitas tentativas, em vista de tanto esforço físico, uma verdadeira ginástica, desanimado, afirmou:

– Não adianta! Não reage mais...

E o outro médico também confirmou, convicto:

– Não reage. Perdemos...

Saíram de cabeça baixa, ficando somente a primeira enfermeira, que estendeu delicadamente um lençol branco em cima do corpo imóvel, dizendo:

– Vem alguém daqui a pouco arrumar tudo...

– Está bem... – respondi.

A enfermeira se retirou do quarto, com a face melancólica.

Agora eu já sabia o que a senhora desconhecida, ali parada, aguardava: a morte da minha avó.

Fiquei ali sem ação nenhuma, participando conscientemente das duas dimensões que se manifestavam. Era tudo novo para mim, um verdadeiro aprendizado, sem reagir, sem chorar, sem me desesperar, apenas observando, mas entendendo tudo.

De repente a senhora desconhecida se aproximou da cama hospitalar e colocou suas mãos através do lençol branco que cobria a paciente. Observei-a levantando a Omã adormecida, através do lençol.

Sua mão esquerda segurava o pulso direito da Omã, e sua mão direita a levantava, segurando suas omoplatas.

Do mesmo jeito como se ergue um bebê de um berço, ela fez com minha querida Omã.

Levou o braço esquerdo da paciente sobre seus ombros, passando pela cabeça, e chegou sua mão direita até as axilas.

Minha avó estava mais magra, leve, seu aspecto era o de quem estava dormindo, inconsciente. Seus pés pouco respondiam; eram arrastados. Sua cabeça não aguentava firme. Reclinada para a frente, parecia estar apenas desfalecida.

A camisola que vestia não era mais a do hospital; tinha feitio mais justo, era branca com acabamentos em rendinha, de mangas compridas, com fitinhas nos punhos; o lacinho em um dos punhos estava aberto.

A senhora desconhecida, após ter levantado a paciente, encaminhou-a para o túnel luminoso, ou seja, o portal oval.

Antes de entrarem totalmente, a senhora desconhecida se virou por cima da cabeça reclinada da Omã e me olhou profundamente nos olhos, como se quisesse dizer algo, ou ter certeza de que eu estava atenta, observando o que acontecia no mundo espiritual, ou talvez querendo me mostrar como o mundo espiritual interagia no mundo empírico.

Depois que as duas entraram na passagem, a abertura começou a se fechar até acabar em nada. Ficou somente a parede.

Hoje tenho certeza de que todo esse processo tinha de ser "visto" por mim para que agora pudesse contar a vocês.

Sei também que aquela luminosidade com bordas flamejantes era um portal dimensional, e mais tarde tive a oportunidade de "ver" outros portais dimensionais, de formas diferentes.

Não tive coragem de levantar o lençol que cobria minha avó, ver a matéria que havia ficado sem vida. Era como se aquele invólucro, que tantas vezes me abraçara e me beijara, me dando colo e amor ao longo dos meus 18 anos, não fizesse mais sentido.

Era apenas um pedaço de carne morta, sem vida, sem o espírito que se fora e que dava o brilho quente e carinhoso ao corpo que no catre ficou.

Fiquei deprimida por aquela perda "maravilhosa", pois sabia que não seria para sempre. Minhas noites passaram a ser em claro, pensando onde ela estava e qual seria a solução desse mistério, o que ela fazia, por que não vinha me buscar.

Por quase um mês chorei desconsoladamente, até que uma noite, na escuridão do meu quarto, apareceu um rosto masculino bravo. Suas palavras austeras foram:

– Menina, pare de chorar! E não chame mais por sua avó. Ela não pode voltar!

Terminou a frase e sumiu, sem mais explicações.

Assustei-me com aquelas palavras duras, que ecoaram na escuridão do meu quarto.

Entendi que estava fazendo algo errado. Parei de chorar a perda, não pedindo mais o seu retorno.

Mas continuava não entendendo. Queria conhecer todo o processo, a qualquer custo.

Até meus 21 anos não tive contato com a literatura da filosofia Alan Kardec (Kardecismo) ou do Budismo. Tudo o que sabia era por intermédio do olho de Horus ou clariaudiência.

Por muito tempo esperei que alguém viesse daquele mesmo túnel conversar comigo e explicar o sistema.

O vazio e a saudade da presença de minha amada Elze ficaram... só o tempo os curou; mesmo assim, por infindáveis vezes, andei sozinha e descalça na areia fina da praia de Balneário Camboriú tentando identificá-la nos grãos brancos pelos quais tantas vezes ela e eu andamos juntas.

Anos mais tarde encontrei minha avó na Cripta da Maria Bueno, em Curitiba, no Cemitério Municipal, onde levei uma amiga para acender uma vela de promessa.

Nesse dia ela apareceu em espírito e me deu orientações sobre minha separação e sobre meu filho – o que foi de muita valia.

Mensagem

Este é um caso padrão da perda do invólucro físico, chamada de morte. A morte consiste em uma ilusão, e nossa educação não proporciona um entendimento efetivo, por ser pautada em egos ou em religiões dogmáticas.

Precisamos aceitar elegantemente o término do ciclo de entes queridos ao nosso redor e na casa física, pois no mundo espiritual seu trabalho continua.

Não devemos nos sentir abandonados, nem pedir que voltem. Precisamos liberá-los definitivamente, porque a evolução espiritual é individual, estando ligada subliminarmente ao coletivo.

Wando no nível animal

Eu estava atendendo um homem espirituoso, simpático e bom de papo. Perguntei o que o havia trazido a um tratamento como aquele, sendo ele tão racional.

Ele respondeu que eu havia sido bem recomendada por sua esposa e por sua filha, mas na verdade estava ali por mera curiosidade.

Expliquei-lhe o processo de tratamento, e ele ouviu atentamente.

Nessa nossa primeira sessão notei, através da minha vidência, que ele estava preso no nível animal, no órgão do nariz.

"Vi" inicialmente um nariz de tatu. Este mexia as bordas do focinho de maneira engraçada, de um lado para outro.

Ri comigo mesma, pois estava bonito aquele nariz de tatu em movimento, sem contar que adoro animais.

Logo em seguida, desapareceu aquela imagem e veio outra, bem nítida, um focinho de cão; dei um salto em meus pensamentos. O focinho estava cheio de espinhos de ouriço.

Hum! Que dor! – pensei.

Deduzi que a experiência de cão que Wando tivera fora acompanhada de dolorosas espetadas de ouriço. Em relação às experiências dos animais, deduzo que também constituem uma forma de crescimento para aquele nível.

Existe um ditado no nível hominal que diz: "Não se mete o nariz onde não se é chamado". Imagino que para os cães valha a mesma coisa.

A terceira imagem que apareceu no nariz do empresário foi a de um enorme bico de ave, preto e pontiagudo.

Eu já sabia que aquele paciente deveria ter algum problema relacionado ao olfato, mas ele inicialmente não reclamou de nada.

– O senhor tem algum problema no nariz ou com o nariz? – perguntei.

– Sim! Não tenho olfato nenhum. Tenho terríveis crises de rinite e, quando isso acontece, preciso tomar cortisona.

Relatei ao paciente o que "vira" enquanto a assessoria espiritual tomava as devidas providências, que consistiam na limpeza dos sentimentos, no local do nariz.

Na quarta sessão detectei mais uma ligação do mundo animal: olhando o paciente de cima para baixo, deitado na maca, "vi" uma fenda longitudinal em seu corpo, dividindo-o em dois flancos.

No lado esquerdo do corpo, no tornozelo, localizei uma corda amarrada com nó apertado, enquanto o lado direito do corpo encontrava-se arriado.

Olhei melhor para seu tornozelo e o "vi" muito fino. Fui subindo a "visão" e percebi que se tratava de um quarto de animal.

Movi-me imediatamente para a cabeça, tentando reconhecer o animal, mas a energia (as pictogravuras) era ainda muito fraquinha.

A assessoria continuava trabalhando, mas, distante do corpo físico do paciente, fiquei pensando como desvendaria o enigma para curá-lo. Mesmo ele tendo vindo por curiosidade, eu tinha certeza de que aquele ser não estava ali por acaso, pois nada no universo é por acaso. E o projeto principal de nossas vidas é mostrar o caminho do nosso retorno ao Pai. Foi de lá que um dia saímos e para lá um dia teremos de voltar. Para chegar mais rápido, precisamos aprender a administrar nosso ego, limpando o passado.

Vivemos numa visão horizontal. Aprendemos, ou incutiram em nosso inconsciente, o registro da competição, característica de um mundo racional, onde quem manda é a ilusão.

A ilusão não é compatível com a Abundância do Universo. Ela se fixa apenas na restrição, na escassez, na falta. E isso é uma inverdade.

Voltando ao exame do paciente, no instante seguinte abriu-se do seu lado esquerdo uma janela que contava a história: "vi" um veado formoso, grande, pendurado num galho grosso de árvore.

Era uma floresta exuberante, em tom claro de verde, diferente do verde da nossa mata Atlântica, que é escuro e encorpado. As árvores eram mais distantes umas das outras, e não havia folhagens entre elas – dava para ver o solo. Parecia ser uma região fria, mas o inverno intenso já havia passado.

Ao fundo via-se outra montanha. Onde o animal estava pendurado a montanha era menor, e entre as duas corria um rio de águas barulhentas e muitas pedras roliças.

O animal encontrava-se erguido em uma clareira de vista panorâmica. Em outras palavras, da clareira via-se ao longe a descida da água no rio de pedras; nas laterais estavam as montanhas e eu estava do lado direito de onde descrevo.

Era fim de tarde, e pude ver os bichinhos voadores pelo ar, fazendo a festa. Os raios de sol entravam pelas árvores e ramos, riscando o verde-claro em furtivos tons de amarelo.

Pude ver, entre os raios do sol, o veado ao longe, pendurado pela perna esquerda como um troféu para os caçadores que ali se encontravam. Senti que não estavam todos reunidos comemorando, mas os que ali se encontravam estavam muito orgulhosos pelo intento.

Ao ver o animal morto, pendurado no alto do galho da árvore, e embaixo outros animais racionais comemorando, não me senti bem. Essas imagens me fazem mal, e evito vê-las com a nitidez que a vidência me dá.

Gosto muito do reino animal, mesmo sabendo que também o desrespeito gravemente quando ainda me alimento de frango e peixe.

De repente, "vi" surgir atrás do veado um enorme *viking*. Ele estava em pé no desfiladeiro, eu diria com os pés na água do rio, e seu peito estava na altura da montanha, olhando para a cena e depois para mim.

Quero fazer uma ressalva ao leitor: até agora estou relatando um campo energético do paciente referente ao passado. O *viking* não é do passado; ele faz parte da assessoria do agora interagindo na cura do paciente, por isso olhou para mim.

Outra ressalva: todos os casos deste livro foram direcionados para serem escritos pela assessoria espiritual. Muitas vezes estou entretida na visão de um ponto da história e a assessoria me espera terminar, porque o objetivo é observar para poder escrever. Outras vezes tive de esperar o paciente chegar até mim, ver sua história para só depois escrever sobre o caso.

Senti que o *viking* tinha uma relação forte com a mata e com o reino animal.

Percebi que ele tornou a olhar para mim e arregalei meus olhos físicos, pois sabia que aconteceria algo em seguida; fiquei aguardando.

No mesmo instante o *viking* atravessou o corpo físico do paciente e ficou do meu lado direito, de frente para Wando.

Existia um homem musculoso, forte e grande, vi seu tamanho diminuir para 1,98 m ou 2 m. Usava botas de pelo de animal, uma calça curta tipo fraldão, também de pele e que parecia cortada a facão, pois era toda irregular. Eu diria que era um cara musculoso. Uma tira de couro enviesada no tórax, um chapéu em formato de coco e nas laterais dois chifres que não eram de boi. Cabelos longos, ruivos e encaracolados até os ombros. Os pelos nos braços e pernas eram também ruivos e grossos.

Ele trazia na mão direita uma espada bonita, grande; a lâmina era larga na ponta, terminando repentinamente.

Depois de ter olhado minuciosamente para o *viking*, minha atenção se voltou para o paciente; já havia me esquecido do Wando e senti que tinha de retornar a ele.

Quando vejo imagens desses seres fantásticos, o leitor que me perdoe, esqueço da vida, esqueço que estou num consultório, perco a fome, não tenho sede. Minha sorte é que na clínica tenho um anjo da guarda chamado Dorinha, nossa copeira, que cuida da minha alimentação e da minha estada em São Paulo.

Olhei para o paciente. Seu lado esquerdo todo era o lado estirado do enorme veado.

Entendi que metade do corpo de Wando, agora no nível hominal, ainda estava preso em uma vida passada, de nível animal.

É muito interessante quando se olha no rosto de alguém e se "vê" metade humana e metade animal. A metade animal era mais vibrante, penetrava em minha alma. Olhei para seu nariz preto e úmido, os pelos do focinho, até chegar aos olhos, quando me assustei.

Seu olho era vivo. Dava para sentir todo o seu corpo de vida. Entrei em sua alma através daquela janela maravilhosa, cristalina e límpida. Senti a imensa grandeza daquele animal vivendo a liberdade da floresta, seu hábitat. Ele e somente ele, dono de tudo numa fusão de grandeza de Deus para com o Uno e vice-versa.

Passava uma força, um poder ilimitado que vinha de Deus, sem restrições, que interagia com a floresta e novamente retornava a ele.

Entendi que aquele animal era o mais formoso da floresta. Brotava de seus olhos a dor pela forma como foi abatido.

Percebi um sentimento de ignorância do humano em relação à natureza como um todo.

Senti naquele olho brilhante e negro a incompreensão por ter sido morto.

Na cultura indígena o animal se doa para a tribo se alimentar. Existe um respeito cultural em relação a outros níveis.

Todo o meu corpo estremeceu e olhei para o *viking* ao meu lado, que estava tomado de compaixão por aquele maravilhoso animal.

Ele esperou resignado eu absorver todo aquele sentimento e só depois levantou a espada, colocou-a na testa do animal. Então o ouvi dizer:

– Morra em paz! Morra em paz! Estou te dando paz!

Corri para "olhar" os olhos do animal e "vi" o sentimento de plenitude de grandeza e de liberdade ir se afastando, ir embora. Aos poucos aquele olhar vibrante já não estava mais ali. O espírito altaneiro que habitava o animal havia partido.

Eu estava diante de um olho somente orgânico, sem vida.

Comecei a chorar silenciosamente. O *viking* ergueu novamente a espada, levou-a até a cintura do paciente e, com a ponta, deu um impulso, derrubando a metade orgânica e sem vida do corpo do veado.

"Vi" a metade rolar maca abaixo e sumir no nada.

Ele recolheu a espada e a encostou no ombro direito, verificando se estava tudo certo com uma passada calma de olhos.

Enxugando as lágrimas, virei para o *viking* e disse:

– Como você é maravilhoso! Gostaria de me ajudar a cuidar dos bichos silvestres do meu sítio?

Não esperei ele responder e já fui levando a imagem do sítio. Mostrei minha horta e pedi que fizesse uma intervenção na cotia que vinha devastando a plantação. Mostrei qual parte ela poderia comer, que era plantada para ela, sem arruinar mais nada.

Para minha surpresa, nunca mais a cotia apareceu. Quanto a Wando, também ficou bom do nariz. Segundo ele, na sua mente racional, tomou uma medicação alopática que anteriormente não fazia efeito, mas que agora apresentara um esplêndido resultado.

Ele já estava apto para a volta do olfato e outras coisas mais, pois toda vez que ocorre um desprendimento do passado o paciente entra com mais segurança na Abundância do Universo.

Mensagem

Se no caso do mamoeiro vimos a relação do ser humano com o mundo vegetal, neste temos a oportunidade de observar a relação do ser humano com o mundo animal.

Na história do mamoeiro o ser humano tratou da planta com a energia do amor. Já no caso de Wando, o ser humano agiu com crueldade e desdém contra o reino animal.

É importante explicar que dentro dos reinos também há um processo evolutivo. Os que estão em estágio mais avançado devem ter responsabilidade perante os que estão em níveis iniciais, permitindo que o processo evolutivo seja menos dolorido.

Na sessão com o paciente Wando, percebi a grande importância de Mestres Ascensionados na intervenção de cura de parte do corpo do paciente. Essa intervenção é pura expressão de amor para conosco.

Assim como os Mestres demonstram um sentimento incondicional de amor, devemos ter essa mesma visão amorosa com o reino animal.

Sempre a expressão do Eu Sou, que é o amor, é a grande solução.

A cadelinha Kúki

Em uma das minhas idas a São Paulo, no final do verão de 2007, entrei numa loja conhecida para olhar a promoção de roupas da estação que estava indo embora.

Logo que entrei, veio ao meu encontro a proprietária, chamada Lu, e notei que estava muito triste.

Sua cadela *pinscher*, chamada Kúki, de treze anos de idade, estava doente.

Olhei rapidamente as peças da vitrine, mas minha atenção estava voltada para a cadelinha.

Gosto muito de animais!

Percebi que Kúki havia deitado no tapete de entrada da loja, após ter vindo muito devagar atrás da dona. Seu focinho, além de seco, estava caído no tapete como se ela não tivesse força suficiente no pescoço para segurá-lo.

Estava mesmo com aspecto bastante doente.

– Lu, você já a levou ao veterinário? – perguntei.

– Já! Mas ele não descobriu nada. E ela não tem febre.

Segurando uma e outra peça de roupa, de vez em quando eu dava uma olhada para o animalzinho, arriado perto de mim.

– Lu, agora não tenho tempo, tenho um paciente para atender, mas venho fazer imposição das mãos na Kúki esta semana, tá?

Contei para ela ali mesmo, rapidamente, meu trabalho fora do corpo na noite anterior com duas éguas que estavam bem mal e agora passavam bem.

Ela me olhou com os olhos arregalados, querendo acreditar que sua cadelinha também poderia ser beneficiada.

Fui para a clínica, que fica bem pertinho, preocupada com as duas, Lu e Kúki.

Um dia depois retornei para ver Kúki, que continuava na mesma: não comia, o focinho estava seco e Lu já havia chorado muito.

Pedi para Lu ficar com Kúki no colo para que eu pudesse tocá-la no tronco.

No mesmo instante "ouvi": "Coloque as duas mãos no corpo do animal".

Assim fiz.

O "ser" que estava à minha esquerda colocou as mãos dele através das minhas e começou a examinar o estômago de Kúki.

Ele mostrava para mim, com as pontas dos dedos, pequenas verrugas soltas na pele, na saída do estômago e início do intestino.

Pareciam quistos sebáceos. Os mesmos que ela trazia na barriga, perto das mamas.

No mesmo instante ele segurou com a mão direita o início do intestino da cadelinha e com a esquerda fez um movimento para a esquerda, limpando até o fim as fezes retidas no intestino.

Kúki, no colo da dona, começou a se mexer muito.

De vez em quando olhava com o canto do olho para mim, querendo perguntar: o que você está fazendo mexendo dentro de mim?

Ela não sentia dor, e Lu perguntava:

– O que está acontecendo? Ela não para de se mexer!

– Não se preocupe. Ela está sendo atendida... – e fui descrevendo o que o "veterinário" espiritual fazia.

Kúki sabia que estavam mexendo dentro dela; mostrava isso em sua postura de desconforto no colo da dona.

Do meu lado direito estava a secretária da clínica, que sabia do estado de Kúki e também que eu iria atendê-la.

Quando estou atendendo não me importo se o paciente é do reino vegetal, animal, mineral ou hominal: meu foco é a vidência e suas adjacências. Observando o que a assessoria faz, esqueço o que está ao meu lado.

"Senti" que algo do meu lado direito me incomodava, algo que me puxava para baixo, pesava, e olhei para ver do que se tratava.

Era a secretária que havia ido junto, com o pensamento de preocupação de que a cadela não podia morrer. Sua energia negativa interferia na minha atuação.

A energia que vinha dela em função dos seus pensamentos não estava no nível da minha. Naquele momento eu precisava de toda a energia concentrada na cura da paciente.

Ora ela rezava em pensamento, ora pensava que, se a cadela morresse, como todos no bairro conheciam a clínica, a notícia poderia macular o seu bom nome. Consequentemente, os pacientes parariam de vir e ela não teria dinheiro para pagar as contas do mês.

Virei para ela e falei:

– Pensamento positivo! Só reze, que vai dar tudo certo.

O "veterinário" espiritual olhou para a secretária com o canto do olho, como quem diz: Quem não ajuda, que pelo menos não atrapalhe.

Voltei minha atenção para o foco do atendimento, "vendo" o "veterinário" examinar o interior do intestino do animal. Ele finalmente falou:

– Achei! É aqui!

– O que tem aí? – perguntei. – Parece uma irritação na pele!

A camada do intestino, internamente falando, tinha uma região de uns 2 cm que estava diferente, era manchada; a energia estava diferente.

– É uma bactéria!

O agente agressor estava em pleno processo de tentativa de furar a camada intestinal, e não levaria muito tempo. Em breve teríamos um furo no intestino do cão.

Aquela mancha me passava a sensação de atuar como ácido.

Câncer eu já sabia que não era. Já "vi" muita matéria orgânica com câncer, e é diferente.

O "veterinário" fez uma boa raspagem no local, do lado interno do intestino. Passou um remédio branco, um creme que tinha ação de base, inicialmente por dentro. Externamente, outro creme.

Esperou um pouco, e nesse tempo olhava bastante para o animal, esperando uma reação.

No segundo momento, ele desprendeu um material transparente de uma cartela e o colocou naquela região, deixando uma boa borda. Delicadamente, fez isso nas paredes interna e externa do intestino.

Volta e meia passava o dedo para se certificar de que estava bem colado.

No terceiro momento passou um líquido espesso e transparente por cima, como um verniz. Esperava secar e tornava a passar, formando uma boa camada.

A essa altura do campeonato Kúki aquietou-se, e suas olhadas para mim agora eram frontais e meigas.

Deduzi que ela estava mais confortável e entendeu que minha presença era amigável.

Os animais entendem tudo. É impressionante!

Enfim, o "veterinário" espiritual isolou aquela região contaminada para que o agressor morresse no local.

Escutei em meu ouvido:

– Está pronto!

O "veterinário" retirou imediatamente suas mãos, que estavam acopladas às minhas, e foi-se.

– Pronto, Lu, a Kúki vai ficar boa. Pode soltá-la no chão.

Assim que a cadela foi colocada no chão, veio o efeito do vômito. Ela vomitou diversos montinhos de uma gosma esbranquiçada.

– Bota bastante jornal, que ela vai evacuar e precisa de água fresca.

Mal acabei de falar e a cadela foi correndo para dentro da casa. No jornal ela limpou o intestino.

– Mara, estou espantada! O que é isso? Nunca vi um atendimento assim!

– Aqui, comigo não se brinca em serviço! – falei, rindo como uma caipira do mato. Fique tranquila; é uma nova experiência que você está passando. Vai dar tudo certo. A espiritualidade atua assim mesmo.

– Ela sujou o jornal todo... fazia dias que não comia nem evacuava. Eu estava preocupada!

– Lu, está tudo certo. – tentei tranquilizá-la.

– O que faço com a Kúki?

– Nada, deixe-a à vontade. Quando ela tiver fome vai pedir comida.

– Está bem.

– Agora vou embora. Vim entre um paciente e outro; no final da tarde, retorno. – afirmei.

Fomos embora, a secretária narrando o medo que sentiu de que a cachorra morresse no colo da dona.

– A repercussão negativa que isso ia dar à clínica! Já pensou?

Parei no meio da calçada, repentinamente, e respondi:

– Quando estou atendendo não penso em nada negativo. Apenas executo o que o lado espiritual de LUZ fala. Sempre acho que o paciente vai ficar curado e dou tudo de mim para que isso aconteça naquele momento. Foi assim a minha vida toda. Por que hoje, com a Kúki, ia ser diferente?

– Não sei. – respondia ela, querendo se desculpar. – Eu nunca vi uma reação tão imediata... Fiquei assustada!

– São seus medos internos que acabam refletindo nos diversos segmentos da sua vida! São crenças que você precisa quebrar para a vida fluir melhor e mais harmoniosa.

– Tá bom. – encerrou a conversa ali.

Continuamos andando em direção à clínica.

À tarde, após o almoço, a secretária subiu com os olhos arregalados, me passou o telefone e disse:

– A cachorra está toda inchada! É puro caroço!

Ela parou na minha frente, apreensiva, e começou a roer as unhas.

Peguei o telefone:

– Mara, estou preocupada. A Kúki está toda cheia de caroços enormes, inteirinha inchada.

– Calma, Lu. Ela está quieta, deitada?

– Não!

– Anda pela loja?

– Anda.

– Comeu?

– Não.

– Bebeu água?

– Bebeu.

– A Kúki está tendo uma reação colateral em função da intervenção. É apenas uma limpeza. O organismo está reagindo. Logo o inchaço começa a diminuir, não se preocupe. Em seres humanos, dependendo do caso, também há uma reação feia. Mas passa!

– O que eu faço?

– Fique de olho nela que no final da tarde dou uma chegada aí.

Ela me agradeceu e desligamos.

Olhei para a secretária, que imediatamente respondeu:

– Já sei! O cachorro não vai morrer, não estou preocupada...

– Não! Você só está roendo as unhas das mãos. Daqui a pouco roerá as dos pés.

Saí sem ouvir o que ela tinha a dizer.

No final da tarde fui até a loja e encontrei minha paciente Kúki correndo por tudo, latindo. Só o pescoço ainda estava inchado, com uns nódulos bem grandes.

Lu estava com os olhos vermelhos de tanto chorar e feliz pelo fato de o animalzinho estar bem. Ela tem muito AMOR por Kúki.

– Viu? Foi resolvido o problema e está tudo bem. Agora você pode entender melhor a história das éguas que contei.

– Não entendo, não tenho conhecimento dessa técnica que você usa, mas funciona, funcionou para minha Kúki. Ela é como uma filha para nós.

Pegou sua filhinha no colo com os olhos marejados, agradeceu muito em seu nome e bendisse a Deus muitas vezes.

Abracei-a e também agradeci por elas existirem. Despedi-me e fui embora.

Quinze dias depois voltei a São Paulo e fui visitar Lu e Kúki. Para minha alegria, as duas estavam bem. Tiramos fotos, e Kúki foi a estrela das nossas conversas.

Enquanto estiver nesta roupagem e puder ajudar no sofrimento dos animais, assim o farei.

Tenho por eles um profundo AMOR e gratidão.

Todo cachorro de rua vai atrás de mim. É impressionante! Acabo parando e conversando com eles. Muitas vezes até esqueço o objetivo da minha saída de casa e volto com um animal abandonado a tiracolo.

Mensagem

Este é um caso típico, maravilhoso, de cirurgia espiritual que a assessoria dos mestres proporcionou através de minhas mãos.

Tenho um carinho especial por todos os reinos, e cuido com gratidão dos animais do nosso planeta.

Sou grata a Kúki por permitir que essa assessoria pudesse atuar, proporcionando a diminuição de seu sofrimento.

Sou grata, também, pelo seu maior tempo de vida, brindando a família que a adorava com uma convivência mais longa.

As fadinhas

Certa ocasião fui procurada por um profissional da saúde, de ascendência germânica.

Propunha-se a fazer o tratamento, mas "senti" que era mais por curiosidade, pois quem o indicou conhecia bem os resultados dentro da cura.

Esse paciente era um homem de posses e dependente de droga química pesada havia muito tempo, pelo menos quinze anos.

Esse caso foi muito interessante. Levou-me a um mundo novo, de mais conhecimento e ao mesmo tempo encantado, muito encantado!

Dei início à primeira sessão e, para minha surpresa, ele se permitiu entregar-se de corpo e alma. Notei logo que tinha um QI elevado, mas seu emocional era perturbado, e a droga pesada fazia com que fugisse do real de sua vida.

Ele era paranoico em relação à família e à infidelidade da esposa. Possuía mediunidade, tinha facilidade para projeção fora do corpo e vidência, era racional, mas não sabia lidar com isso.

Sua formação acadêmica e empírica não permitia acessar a sensibilidade e mediunidade que tinha.

No momento em que ele saiu do corpo na sessão, eu o acompanhei e fomos, por milésimos de segundos, até sua casa, onde se encontrava sua esposa, em outra cidade, a cerca de 42 quilômetros de onde estávamos, chamada Indaial. Olhamos para ela, nos olhos e voltamos.

Ao chegarmos, o fiz voltar para o racional, sair daquele nível, e perguntei:

– E daí, como foi a visita à casa de sua esposa?

Ele ficou olhando a sala em que estávamos e disse:

– Fui até minha casa e você estava junto! – afirmou espantado, tentando encontrar no ambiente em que estávamos algum respaldo racional para explicar aquilo.

– E sua esposa estava sentada na poltrona, com o controle da TV na mão, perna cruzada. – afirmei, confirmando o que ele também tinha visto.

– É! Como você consegue fazer isso sem eu ter usado droga? – perguntou.

– Porque o meu tratamento é feito com droga positiva, uma droga chamada autoconhecimento.

– Quero aprender isso aí. – ele disse, rapidamente.

– Estou disposta a ensinar, desde que você queira mesmo. Papo de adicto não funciona comigo. – respondi incisivamente.

Eu sabia das inúmeras vezes que a família o internara em clínicas caras em São Paulo e sem resolver o problema. As recaídas eram constantes.

Trabalhar com adictos requer conhecimento do assunto, paciência, muita ajuda da família. O paciente precisa querer mudar, senão é jogar dinheiro e tempo fora.

A maioria das clínicas e comunidades de internação está despreparada para descobrir a origem do sentimento que o adicto tem dificuldade de eliminar.

Fui fazer o curso de Drogadição em Campinas, com o padre Haroldo, pioneiro no Brasil, para aprender um pouco.

Fiquei fascinada com esse inglês radicado aqui, que em uma única aula mostrou a cena do filme de Jesus na qual, após a morte, com seu corpo físico refeito, saiu de onde havia sido enterrado.

É obvio que a maioria não entendeu o que o padre queria dizer: ele estava simplesmente falando de alquimia, o que o Mestre Ascensionado Saint Germain fez por tantos anos.

O que me deixou ainda mais contente é que ele não se limitou à alquimia do sentimento, pois naquele curso éramos poucas pessoas não adictas, mas falou também da alquimia espiritual. O padre Haroldo estava de fato bem à frente. Ele falava da energia do Quark!

Conheço outro profissional que usa a mediunidade para ajudar os adictos, em sua comunidade de drogadição.

Eles não falam sobre esse assunto, mas o sucesso que esses dois servidores têm na recuperação dos adictos vai além dos doze passos. Isso só se consegue quando a assessoria espiritual é utilizada conscientemente por intermédio do canal.

Esses dois homens têm mediunidade e a canalizam para a recuperação de seus pacientes. O trabalho desses dois seres de Luz é maravilhoso, embora isso não queira dizer que todos os membros do clero mereçam o meu aplauso.

Voltando ao assunto, o paciente veio mais uma vez e me convidou para jantar com sua mãe, que tinha chegado de viagem.

Senti que deveria ir.

Uma de suas residências ficava num costão maravilhoso de frente para o mar, baía norte da cidade do Balneário Camboriú.

Sentamos na cozinha, conversa de cá, conversa de lá, eu estava aguardando para saber por que tinha sentido que deveria estar ali.

Olhei pela janela e vi uma bananeira enorme, assustadoramente grande, de tronco muito robusto. Percebi que estava num lugar muito seco e fiz um comentário-pergunta:

– Como você consegue uma planta tão robusta num lugar tão seco?

– Eu amo bananeiras. – ele respondeu, objetivamente. – Todos os meus jardins têm que ter bananeiras.

Entendi que esse sentimento é que as alimentava.

Os adictos também têm sentimentos! Que forte deve ser o seu amor por esse tipo de planta – pensei.

Ele respondia o que eu perguntava e depois se mantinha calado, olhando para o nada. Senti que o agradava ver a mãe ali, cozinhando para nós.

Convidou-me para olhar as bananeiras no jardim, enquanto sua mãe terminava o jantar.

A propriedade era grande e tinha uma estrada de cimento serpenteando o jardim de bananeiras até chegar à flor da água, ou seja, as pedras do costão.

Não conseguimos chegar até a metade da estrada, e sua mãe o chamou.

Ele pediu licença e retornou para atendê-la. Continuei sozinha, descendo a estreita e simpática estrada.

O pôr-do-sol estava em pleno vermelhão, banhando todo aquele lado do morro e a propriedade também.

Desci lentamente a estrada, embevecida com a saúde e com a cor daquelas bananeiras avermelhadas que formavam uma paisagem linda, mesclada com um fundo verde. Era mágico!

De repente, ao olhar para a base da touceira de uma das plantas, que por sinal eram muito limpas, "vi" uma luz branca brilhando. Essa luz era diferente, de um branco intenso, parecendo néon. Eu tinha certeza de que não eram os raios do sol.

– Não estou ficando louca. – falei em voz alta. Fui rodeando a touceira, saindo da estrada de cimento, seguindo a luz branca do outro lado, onde estava mais intensa.

Coloquei a cabeça dentro da touceira:

– Minha nossa! – pulei para trás rapidamente. – Não acredito no que estou vendo!

Parei para coordenar a "visão" e meus pensamentos, focando uma coisa de cada vez.

"Olhei" ao meu redor, pois tenho certeza de que, no processo da vida com relação à Centelha Divina, ora estamos "observando", ora estamos sendo observados.

Sei que, quando tenho de "ver" algo para aprender e esse aprendizado é pelo amor, me sinto ser levada. Sei também quando o aprendizado vem pela dor. Nessa hora, quando jovem, eu sentava no meio-fio e chorava. Hoje faço diferente: corro para administrar aquele EGO que está registrado no meu inconsciente com mais profundidade, saindo logo da situação.

Quanto mais rápido administramos os EGOS relativos ao problema que está sendo vivido, mais rápido retornamos à conscientização, recebendo *insights* pela intuição ou por qualquer outro sentido que esteja mais desenvolvido.

Administrar EGOS é parar de pensar!

Devagar, pé ante pé, retornei ao lugar, e, pondo a cabeça na touceira, fiquei ali me deliciando.

Era uma colônia de enteais da natureza: fadinhas!

Havia pelo menos umas oito fadinhas jovens, ajeitando-se na base do tronco da bananeira. Cada uma deveria ter de 10 a 12 cm de altura. Todas eram circundadas totalmente por uma bolinha de luz branca. Parecia um clarão de luz.

O interessante é que eram fadinhas jovens e delicadamente lindas. Tive outra experiência parecida no Bosque Papa João, em Curitiba, ao lado do Centro Cívico, mas aquelas fadinhas eram gordinhas e aparentavam ser bem mais velhas. As bochechas eram gorduchas, o traje era longo, e elas não tinham a graciosidade dessas.

Essas jovens fadinhas eram esbeltas, usavam maiôs de cores diferentes e sapatinhos combinando, com enfeite no cabelo no mesmo tom. As asinhas tinham dois pares: o maior, voltado para cima, saindo da altura da omoplata, e o menor, voltado para baixo.

Fazendo uma comparação grosseira, eu diria que pareciam asas de libélulas e eram transparentes como tal.

Fiquei ali quieta, fisicamente sem pensamentos, para não interferir na dinâmica da colônia. Não devemos interferir nesses níveis maravilhosos, pois são eles que ajudam na reconstrução da natureza.

Agradecendo a Deus por ter a oportunidade, mais uma vez, de compartilhar o seu Universo de Criação, fui saindo devagar e de costas. Preocupei-me em não fazer nenhum deslocamento de ar, para não interferir na colônia de fadinhas.

Desci a estrada de cimento mais um pouco, para identificar mais alguma colônia, mas encontrei apenas fadinhas sozinhas, e umas bem longe das outras.

Elas estavam sempre na base da touceira de bananeiras!

Já tinha se passado bastante tempo, começava a escurecer e retornei, subindo a estrada. Ao passar pela colônia, havia uma luz enorme brilhando naquele início de fim de tarde.

Ao chegar à casa, vi que a mesa já estava posta.

– Já estava indo chamar. – disse meu paciente.

– O jantar está pronto! – ouvi a voz de sua mãe ressoar na cozinha.

– E então, gostou das minhas bananeiras? – ele perguntou.

– Maravilhosas! – respondi. – Nunca pensei que fossem tão maravilhosas! – e fiquei quieta.

O paciente veio mais uma vez à sessão, mas não quis continuar o tratamento. Encontrou muitos empecilhos em sua agenda.

Entendi a mensagem do Universo e agradeci mais uma vez o jantar delicioso feito por sua mãe.

Mensagem

Observou-se um ser de grande potencial, com mediunidade, que não sabia, porém, dos ensinamentos da filosofia oriental, que proporcionam viagens fora do corpo com consciência.

Esse paciente buscava essas sensações usando drogas químicas, o que gerou sequelas físicas.

Como ele tinha sentimentos familiares mal resolvidos, procurava alívio nas drogas, o que não é aconselhável em momento algum. Na cultura ocidental, os ensinamentos orientais, com experiências fora do corpo com consciência, deveriam há muito tempo ter sido introduzidos no sistema de ensino religioso. Creio que, assim, a indústria das drogas não teria tido tanto avanço.

Liberar o uso das drogas não é uma solução SÁBIA.

A solução SÁBIA seria introduzir na cultura a liberação do Eu Sou.

As fadinhas mostram o grande potencial de amor daquele ser, amor mal canalizado, pois poderia ter sido conduzido para ele próprio, para as demais árvores do reino vegetal e para todos os seres do seu entorno.

Clorí e seu verdadeiro bebê

Recebi em meu consultório uma amiga que já tinha sido minha paciente em outros tempos, motivo pelo qual nos tornamos amigas.

Era jovem, bonita, psicóloga, esposa de médico e tinha um filho pré-adolescente. Em função de o casamento não andar bem, ela e o marido resolveram ter outro filho, e Clorí estava grávida quando me procurou.

A gestação estava por volta de um mês, e desde o início ela se encontrava com um filete de sangramento. Vinha seguindo as orientações médicas de repouso absoluto, e estava sob alta vigilância do marido médico.

Clorí havia se preparado para burlar a vigilância naquele dia e falar comigo, pois confiava em meu trabalho e era temente a Deus, dentro de uma visão espiritualista.

Quando chegou, me abraçou com muito carinho e preocupação pelo seu estado. Estava muito confusa.

Ela me contou o que estava passando e tratei de acalmá-la. Comecei a recapitular com ela os princípios básicos de uma visão espiritualista. Aos poucos ela se acalmou e passou a ver a situação com olhos mais brandos.

Sempre tive facilidade para acalmar os aflitos em momentos de desespero. Sei que o som utilizado pelo meu chakra laríngeo é curativo. E sei também que sou um canal utilizado pela assessoria espiritual através da verbalização.

Naquela época do meu trabalho, o paciente se deitava em um colchonete no chão e eu ficava sentada numa cadeirinha, passando as mãos no campo de energia do paciente, à distância aproximada de 20 cm do corpo físico, detectando os possíveis problemas.

"Vi" logo que Clorí tinha predisposição ao aborto espontâneo, e tratei de confirmar essa informação com ela. Não levou muito tempo e a assessoria espiritual apresentou-se, indo direto ao seu útero.

Não levou mesmo muito tempo para a assessoria chegar. Muitas vezes é preciso esperar que ela se aproxime. "Vejo-os" andando, andando, andando em minha direção. A distância é longa, mas visualmente parece ter apenas dois metros. Sei que é a diferença atemporal, que eles se encontram em outra dimensão e utilizam caminhos para chegar até onde estou atendendo, o que se chama portal.

Os portais também são diferentes. A espiritualidade não é sempre a mesma coisa: morreu, virou espírito e todos andam juntos e viram bonzinhos. Não é assim. A prática da minha vidência é que foi me mostrando essa diferença.

Eu, por exemplo, fui orientada a colocar o colchonete exatamente naquele lugar, e só depois percebi por quê. Do interior do consultório, desembocando na cabeça do paciente, vinham os seres que curavam; era um portal. Nos pés do paciente, dando para a parte dos fundos do consultório, vinham os parentes dos pacientes em visita, passar mensagens ou fazer agradecimentos – era outro portal.

Pela porta da frente do consultório vinham seres mais densos, que eram convidados pela assessoria da casa para ajudar na cura, caso houvesse necessidade de parentes vivos em pensamento. Esse já era outro portal.

Em resumo, o paciente ficava deitado num ponto estratégico, com três tipos de portais.

Voltando ao assunto da assessoria espiritual a que me refiro, era um homem que aparentava uns 40 anos e que trazia consigo uma enfermeira das antigas.

A enfermeira usava na cabeça uma touca típica da 2ª Guerra Mundial, que tinha inclusive uma pequena cruz vermelha, impecavelmente limpa e engomada.

Seu vestido branco era de mangas curtas e corte evasê, com uma pence vinda do busto que acentuava sua cintura fina.

Ela apresentava no rosto sulcos de sofrimento, o que me fazia concluir que ainda não tinha conseguido superar suas crenças reencarnatórias.

Perguntei ao médico:

– O que pode ser feito, meu amigo? Ela não gostaria de perder a criança.

Ele respondeu, após ter olhado o caso por alguns ângulos.

– Esta criança não está na história do casal. E mais: é um ser que traz um problema físico na coluna. Ele não segura a cabecinha!

O médico colocou o dedo indicador de leve na nuca do feto, cuja cabecinha caía de um lado para outro.

Na tentativa de me mostrar a gravidade da situação, fiquei vivenciando o problema e tentando identificar, com aquele amigo espiritual, a solução.

Meus pensamentos, em milésimos de segundos, procuravam em vão encontrar recursos para o caso. Senti-me impotente. Recuei na tentativa de me acalmar. Tentei me colocar no lugar da mãe e fugi desses pensamentos também, pois a dor era muito forte. Afinal, também sou mãe.

Resolvi voltar com meus pensamentos e apenas observar, enquanto o médico continuava fazendo outros testes de reflexo com os membrinhos daquele ser tão pequenino.

– Clorí, – falei, em voz alta. – seu bebê tem um problema físico. É na coluna. Ele não sustenta a cabeça.

– Ai, meu Deus! – ela colocou a mão na boca e começou a chorar.

– Calma... Calma... A assessoria está encontrando uma solução. Não se emocione... não é bom.

Ela se acalmou e perguntou:

– Vou perder a criança?

– Ainda não sabemos.

O amigo médico continuava fazendo os testes e argumentou:

– Esta criança vai trazer sérios problemas para o casal. Se o casamento já não anda muito bem, vai ficar pior. E vai sobrar tudo para ela.

– Clorí, – eu disse. – Ele está dizendo que o bebê com esse problema... Vai sobrar tudo para você.

– É... Sempre sobra para nós, as mulheres. É verdade.

Volta e meia ela passava a mão no rosto, tentando enxugar as lágrimas que rolavam. Seus pensamentos também deviam estar viajando pelo mundo, à procura dos porquês.

"Vi" que o médico falava com a enfermeira, e já estava sendo colocada em sua mão direita uma tela quadrada. Ele adaptou aquela tela uns três dedos acima da boca do útero de Clorí. As pontas daquela rede se voltaram para fora do útero, abraçando-o. O médico ajudou a moldar essas pontas envolvendo o órgão. A trama da tela era média e percebi que era para o bebê não cair, não ocorrer aborto espontâneo.

Em seguida ele enfaixou todo o órgão por fora e prendeu a ponta da faixa com esparadrapos. E assim ficou.

– Não pode levantar peso! – dava as recomendações falando comigo. – É um caso sério. Vamos esperar!

– O que está acontecendo, Mara? Eles falaram mais alguma coisa? – perguntava Clorí, curiosa.

– Calma. Já vou traduzir.

– E se continuar a sangrar, doutor? – perguntei.

– É isso que vamos aguardar. Mesmo porque ela está confusa, ela quer a criança, mas não tem certeza. Espiritualmente é desaconselhável manter essa gravidez. É um espírito furão!

– O que é isso? – indaguei.

– Quando um casal planeja ter um filho, o lado espiritual é acionado. Estes dois, antes de terem sido fecundados pelos pais, já deixaram seus contratos no departamento cármico, e é por esse contrato que sei que o segundo filho deles é uma menina. Essa menina foi escolhida para ajudar o pai, o marido de Clorí, a ser encaminhado à espiritualidade, pois ele é um homem cético e materialista. E esse menino que vejo aqui não é para ser o filho deles. Não está no roteiro de vida deles! E mais: deve ter acontecido alguma coisa para este espírito entrar.

Fez um aceno com a mão, parecendo que tinha pressa, e foi embora pelo portal.

– Mara, e aí? Como está? O que mais disseram?

– Olha, pela vontade da assessoria, a gravidez deve ser interrompida, porque é um espírito furão. Como você está em dúvida não só a respeito da criança, mas também em relação ao casamento, ele resolveu esperar. Colocou uma tela de proteção e você vai ficar assim.

– Falo pro Lauro o que aconteceu?

– Não, ainda não. Mesmo porque seu marido é um médico acadêmico, totalmente racional, empírico, não acredita em nada que suas mãos e olhos físicos não possam tocar ou ver, como a maioria dos médicos. Falar para ele o que está acontecendo espiritualmente seria malhar em ferro frio. Vamos aguardar.

– Mara, deu para ver o sexo? Menina ou menino?

– Menino. – respondi.

– O Lauro queria tanto uma menina! – afirmou ela, com doçura.

– Segundo o médico espiritual, era uma menina que você deveria estar esperando nesta gravidez. Ele afirma que este menino é um espírito furão.

– O que é isso, "espírito furão"?

– Um espírito oportunista, vamos dizer assim. – e expliquei como o assessor tinha explicado.

Ela ficou séria, me olhando, e disse:

– Que engraçado. Tem sentido o que você fala.

– Por que, Clorí?

– Você sempre me disse para não fazer sexo depois de uma briga. O Lauro e eu sempre brigamos muito. Naquele dia, minha família estava toda reunida lá em casa e tivemos uma briga envolvendo todos. Foi um rolo danado. Apaziguei as coisas e depois, bem tarde da noite, fomos todos dormir. De madrugada o Lauro me procurou para fazer sexo. Esse espírito pode ter se aproveitado da energia ruim da minha casa e da situação!

– Pode. Com toda a certeza. – respondi.

– Meu Deus! Não tinha me dado conta da amplitude da situação! Então estou dando vazão a um espírito que não foi convidado, por uma situação gerada por nós mesmos?

– É isso mesmo.

– Não sabemos nada sobre a grandiosidade do Arquiteto do Universo, como você diz.

– Muito pouco.

Ela ficou pensativa por um tempo, depois afirmou:
- Preciso ir para casa pensar sobre tudo isso.
- Vá em paz e tenha certeza de que nada é por acaso. - recomendei.

Na semana seguinte Clorí teve consulta com seu ginecologista e o filete de sangramento persistia, mesmo ela estando em repouso absoluto.

Retornou ao meu consultório, bem mais calma, mas estava fraca, não estava se alimentando direito.
- Pronta para nossa sessão? - perguntei.
- Sim! Pronta para o que der e vier.
- Muito bem, garota. - afirmei, aliviada.

Mal Clorí se ajeitou no colchonete, o mesmo médico da outra sessão já estava preparando para atendê-la.
- Vamos remover a gravidez. - disse ele.

No mesmo momento ele colocou sua mão jeitosa no útero de Clorí e, como uma concha aparando água na fonte, aparou o bebê e o trouxe para perto de si. Sua mão era grande para aquele bebê tão pequenininho.
- Veja! - dizia o médico para mim. - Olha o pescocinho dele, não tem firmeza suficiente.

Tinha as mãos tão pequenininhas, respirava tão devagar, fiquei encantada com o que via na mão direita do médico. Não tinha palavras para o que estava vendo.

Delicadamente, ele dirigiu a mão para uma cuba e percebi que quem segurava a vasilha era a mesma enfermeira. No fundo da cuba havia um tecido fibroso, e o médico teve cuidado ao ajeitar aquele ser sem segurá-lo pelos bracinhos. A impressão que dava era de muita fragilidade.

Os olhos da enfermeira eram meigos, e ela rapidamente se afastou com a cuba. Saiu pelo portal, apagando-se no ar.

Quando me dei conta, voltei a atenção ao médico, que já estava encerrando a curetagem no útero de Clorí.

Percebi que ela deu um suspiro. Estava com o rosto voltado para a parede e parecia cochilar. Parecia um suspiro de alívio.

Nesse instante o médico colocava um chumaço de algodão com um remédio líquido e transparente em seu útero. Limpou as mãos e se preparou para ir embora.

– Clorí, tudo bem?

– Estou me sentindo tão leve... muito leve... Há muito tempo não me sentia assim. Estou ótima. Está tudo bem Mara?

– Está. Removeram o bebê e você está pronta.

– Ótimo!

– Doutor, como fica a gestação da outra criança, a menina? – perguntei.

– No final do ano, até a passagem do Ano-Novo, ela já estará grávida novamente. Dessa vez será a menina programada, se eles seguirem as recomendações.

– Está bem. Vou falar com ela. Muito obrigada.

Ele acenou e saiu pelo mesmo portal por onde a enfermeira se fora.

Ajudei Clorí a se sentar e relatei o que havia acontecido.

Ela não chorou. Era outra pessoa, consciente do que tinha sido feito, e estava tranquila.

Perguntei se estava com dor; respondeu que não.

– O que falo para meu médico? – ela me perguntou.

– Nada! Você não vai falar nada. Deixe ele tirar suas próprias conclusões.

– E o Lauro?

– Não diga nada. Depois que você estiver grávida da sua menina poderá contar tudo.

– Está bem.

Despedimo-nos e fiquei aguardando notícias.

No dia seguinte, após a consulta de Clorí com seu médico, ela me telefonou.

– Mara, você precisava ver a cara do médico quando o bebê não apareceu no monitor. Ele perguntava: "Você teve aborto espontâneo?". Respondi que não. Ele: "Teve sim e não quer me contar".

– Para, sou mulher de médico e sei o que é um aborto espontâneo! Não tenho motivo para mentir.

Ele olhava para o monitor, movia o mouse para todo lado, coçava a cabeça... Por fim afirmou:

– Não tem explicação para a criança sumir desse jeito.

Segundo Clorí, de repente o rosto do médico se iluminou:
- Ah! Já sei o que aconteceu! Seu corpo absorveu o feto! É... Foi isso... Ocorreu uma absorção. - ele tentava se convencer.
- Se você acha que foi isso, então foi. - respondeu Clorí, desejando que a consulta terminasse logo.
- Então vou preparar uma curetagem para o seu ciclo menstrual entrar no período de ovulação.

Imagine ela, ao me contar que a sua atenção se voltou para a curetagem e que, de repente, o médico teve outro susto:
- Já está curetada! - ele gritou e olhou sério para a paciente.
- Não sei... não é minha área... não entendo nada de ginecologia. - respondeu ela, bem calma.
- Mara, minha vontade era arrancar as orelhas daquele médico e dizer: Deixa de ser burro, cara! Não percebe que está tudo perfeito e que vocês não são deuses? Juro, tive uma vontade louca de contar tudo. Controlei-me para não abrir a boca.
- E aí, Clorí? - perguntei. - O que mais foi feito?
- Nada! O serviço que deveria ser feito o médico espiritual fez, e magistralmente. O médico que me atendeu se convenceu da absorção e pronto. A classe médica, da saúde de modo geral, ainda tem dificuldade de trabalhar com a espiritualidade. Estão ainda muito céticos, racionais, penso que já passou da hora de o profissional da saúde se preocupar com o paciente como ser humano integral, isto é, corpo, alma e personalidade.

Encerramos nossa ligação com mais um caso resolvido dentro das Leis do Universo. Fiquei feliz por tudo ter ocorrido com harmonia.

Passado o Ano-Novo (dia 2 de janeiro), já nem me lembrava mais da história de Clorí quando recebi uma ligação dela:
- Estou grávida!
- Nossa! Que legal! Confirmado que era para ser.
- É! E sinto que é a menina de que ele falou. É uma gravidez com um sentimento completamente diferente, Mara! É leve!

Já se passaram seis anos do nascimento da filhinha de Clorí, e posso dizer que esse espírito está realmente se empenhando, como prometido em seu projeto inicial.

O pai é fascinado pela filhota, que o dobra com a maior facilidade.

Ela é extremamente criativa, dinâmica e sabe o que quer. Eu diria que é uma criança cristalina, com premonições fortes.

Lidera servindo e agradando. É reflexiva e autocrítica.

Extremamente amorosa, acorda rindo e dorme rindo.

Essas são as crianças de espíritos que nascem tendo o conhecimento e vibrando nas oitavas superiores.

É desses espíritos cristalinos que precisamos na liderança do planeta.

Mensagem

O caso Clorí aborda o processo evolutivo da sexualidade do ser. A maioria do seres encarnados no planeta vem do nível de terceira dimensão, compreendendo a sexualidade como um processo físico, sem perceber que esta sexualidade deveria ter sua origem no lado cognitivo (energia espiritual).

O uso indiscriminado da sexualidade, com ênfase no aspecto qualitativo, leva tais indivíduos a trazer ou permitir a manifestação do pensamento egoísta, individualista, em vez de se valer da sabedoria.

A ausência do amor verdadeiro, que não se confunde com a mera paixão ou atração física, acaba por desqualificar a sexualidade.

No caso descrito, cabe mencionar a importância de um ambiente qualificado, já que na casa havia ocorrido uma briga, e o casal tentou fazer as pazes por meio da relação sexual.

Temos muito que caminhar para aprender que sexo é sabedoria e não exercício físico. Tomemos cuidado com as implicações desse ato, como a gravidez não planejada ou as doenças.

Amabel e a escolha do bebê certo

Amabel era uma mulher muito bonita e dinâmica, casada há doze anos com um empresário e sem filhos por opção.

Era funcionária pública na capital e tinha dado início ao tratamento, mas, em função de um parente que concorreria na eleição, teve de interromper.

Algum tempo depois, Amabel e o marido resolveram encomendar um filho, e nessa nova fase ela iniciou o tratamento comigo para se conectar com boas energias.

Deparei-me com ela grávida de quase dois meses e muito feliz.

Quando se deitou, "vi" que no feto havia somente a parte física; o espírito não estava acoplado.

"Vi" também que a assessoria se preocupou muito em energizá-la.

Nessa primeira sessão ficamos nisso, e Amabel saiu bem mais leve do que quando chegou.

Trinta dias depois, na segunda sessão, ao recebê-la na porta, "vi" que estava acompanhada de duas crianças em espírito, uma de cada lado: uma menina e um menino, e tinham quase a mesma altura.

Ela era de tez bem clarinha, magrelinha, cabelo escuro mas não preto, liso e comprido, formando nas pontas pequenos caracóis. A franja era voltada para o lado esquerdo.

Seu vestido de corte na cintura era franzido e ia até o joelho.

Aparentava uns sete anos de idade.

Ele não era tão claro, o cabelo era negro, gadelhudo, de corte compridinho, tronco reforçado. Percebi que era tímido. Talvez tivesse uns oito anos ou pouco mais.

– Hoje veio acompanhada? – perguntei a Amabel.

– Vim? Não sei.

Convidei-a para deitar e se ajeitar melhor no colchonete. Depois de pronta e confortavelmente deitada, fiquei observando as crianças. Elas olhavam para tudo, principalmente para Amabel.

A menina retorcia os braços finos e olhava para mim tentando me conhecer.

Ela observava bem de perto todos os traços do meu rosto, com sede de aprender. Seus conceitos emanavam leveza e uma profunda energia de carinho.

Percebi que a assessoria espiritual não aparecia e resolvi conversar com aquelas crianças para matar o tempo.

– Quem são vocês, crianças?

Ao ouvir o som formulado pelo meu pensamento, a menina se aproximou mais de mim e falou abertamente, como se fosse alguma autoridade.

Ela olhava todos os detalhes das minhas expressões faciais e do meu cabelo, como se fosse a última vez na vida a olhar para alguém.

Seus olhos negros como jabuticabas brilhavam como estrelas.

– Eu sou a Antonieta, tia, e ele é o Carlos. – mostrou, apontando o dedinho para o menino.

Aquele "tia" soou tão lindo em meus ouvidos... Nunca pensei em ser tia espiritual, e adorei a ideia.

Percebi que o menino deixou Antonieta se manifestar.

– E em que posso ajudar vocês, Antonieta e Carlos?

– Sabe o que é, tia? Eu quero que ela – apontando com a cabeça para Amabel – seja minha mãe.

– Minha também! – gritou o menino do outro lado.

Nesse momento, quando "olhei" para Carlos, percebi que Antonieta estava distraída, observando além da sala. No mesmo instante me voltei de corpo todo para o mesmo lado, para "ver" quem mais estava participando daquela conversa.

Não consegui "ver" com nitidez (nada com o olho de Horus), mas senti que mais pessoas espirituais participavam da cena.

No local onde eles estavam se formava uma névoa igual à serração de estrada; eram seres das colônias espirituais. Senti que a pessoa que comandava era um homem de 37 a 45 anos de idade.

Para esclarecer ao leitor, naquela época havia uma grande diferença entre seres das colônias e seres intergalácticos.

Os seres das colônias não possuem o invólucro físico. São espíritos mais densos, e, na minha caminhada como intermediadora, a tecnologia na cura usada por eles sempre foi a mais retrógrada. Importante não esquecer que o mundo espiritual também evolui. Tudo evolui no Universo. Ele é dinâmico!

Já os intergalácticos, além de terem uma forma física bem diferente, usam a técnica da invisibilidade. Não são desencarnados.

A técnica de cura que usam é simplesmente fantástica!

Hoje já temos casos de intergalácticos entrando no planeta Terra por meio do processo reencarnatório – são as crianças índigo e muitas vezes são seres usando nos centros espíritas a imagem de um preto velho.

Entre muitas coisas, o que mais me chama a atenção com a vidência é poder ver a gama de luminosidade que esses seres possuem. É lindíssimo!

Em muitos deles não consigo "ver" os detalhes dos olhos, da sobrancelha, das unhas. São só filetes coloridos de raios de luz (dentro dos doze raios); ora esses filetes são brancos, ora coloridos.

Voltando à minha conversa com as crianças, perguntei:

– Como vocês chegaram até aqui? Quem os trouxe?

– O nosso superior. Ele mandou a gente conversar com a tia. – respondeu Antonieta, ainda dando algumas olhadas para aquela direção.

Eu tinha noção de que precisava vivenciar aquela situação, assim como aconteceu com minha Omã (avó). Era muito evidente a insistência deles para que eu "visse".

Lembrei da grandiosidade do Universo, de como tudo é tão perfeito e nós aqui aproveitando apenas uma porcentagem do cérebro e nos achando o máximo.

Sempre soube que tudo o que aprendia através da vidência não era somente para relembrar o meu passado. Sabia que um dia teria de escrever sobre isso, ou relatar, como estou fazendo agora, com a orientação de um Ser ao meu lado.

A sequência dos casos deste livro foi orientada por Ele, inclusive algumas partes de que minha mente já não lembrava mais.

Voltando novamente a nossa história, eu "via" que no corpo físico de Amabel havia um único feto físico e dois espíritos disputando aquela vaga, ou seja, aquele acoplamento.

A assessoria do tratamento não aparecia... Nunca, em toda a minha vida profissional, a assessoria deixou de comparecer no horário, na maioria das vezes antecipadamente.

Eu sabia que tinha coelho naquele mato!

Naquele dia simplesmente não apareceram para trabalhar!

Tinha certeza absoluta de que a secretaria reencarnatória não precisava de mim para decidir nada, mas fiquei feliz em saber que fui escolhida para participar do acontecimento.

Meu coração se alegrou tanto que senti um profundo amor por aqueles dois espíritos ali na minha frente.

Naquela época meu posicionamento de trabalho era sentada numa cadeirinha infantil e o paciente deitado num colchonete no chão, no meio da sala.

Tive a oportunidade de ficar bem de perto daquelas maravilhosas crianças índigo, que nascem já sabendo que são poliedros básicos na estrutura do Quartz. Em outras palavras, é uma geração com expansão de consciência acima da nossa. O planeta Terra está sendo redirecionado por uma nova liderança saudável.

O leitor que estiver interessado nesse assunto pode ler: *Crianças índigo*, de Lee Carroll e Jan Tober, e *Educando crianças índigo*, de Egídio Vecchio. É uma leitura excelente para psicólogos, professores, pais e orientadores educacionais.

– Antonieta, qual é a ajuda que você dará para a mamãe e o papai? – perguntei.

– Eu vou ser pintora. Vou influenciar nas artes em geral e nas artes plásticas, mesmo porque tenho uma afinidade com essa mulher que vai ser minha mãe.

– Ei, pode parar com essa conversa! – disse Carlos. – Já tive uma vida passada com meu pai (marido de Amabel). Terei mais facilidade em trazê-lo para a espiritualidade. Ele é um homem racional, e meu papel vai ter mais resultado junto a ele. Por isso tenho que ser o escolhido.

Aflita, Antonieta ficou nervosa e tremeu a boquinha, afirmando:

– Mas... Mas... Tia, vou ser mais carinhosa. O meu pai precisa é de amor! O Carlos é muito seco, não vai conseguir. Eu é que tenho que ir!

Seus olhos brilhantes cor de jabuticaba suplicavam, e suas mãozinhas se contorciam uma na outra. Ora olhava para mim, ora olhava para ele, querendo que eu decidisse a seu favor.

Eu gostaria que o leitor percebesse a diferença de energia "Ying" e "Yang" representada pelas crianças.

A energia "Ying" é a intuição, a criação, o cognitivo, o inconsciente – a menina. A energia "Yang", do menino, é a da construção, do empírico, a que concretiza as ideias vindas do cognitivo.

O equilíbrio a ser atingido pelo ser humano consiste em receber a intuição pelo cognitivo, que é a energia "Ying", e concretizá-la pelo racional, que é a energia "Yang".

– Nada disso! – retrucou Carlos.

– Não mesmo! – replicou Antonieta. – Vou abordar as artes e ensinar algumas coisas para o meu pai. É a minha vez, tia!

Pegando no meu queixo, virou meu rosto para sua direção e olhou fundo nos meus olhos.

De repente me dei conta de que a paciente estava deitada no colchonete de olhos fechados, talvez pensando que a assessoria trabalhava. Mas não era isso que acontecia; eu me encontrava no meio de uma disputa de reencarnação entre dois espíritos.

Amabel tinha um semblante sereno, calmo, dava a impressão de que se encontrava nas nuvens.

– Crianças! – interpelei. – Vamos esclarecer esse assunto: a tia Mara não decide nada, portanto poupem seus argumentos. Quem decide qual de vocês deve vir são os senhores do carma. É um acordo entre cada um de vocês e a secretaria cármica.

Os dois pararam de falar e ficaram sérios olhando para mim, ouvindo, para acatar ao pé da letra.

– Vou chamar o tio que faz parte do conselho cármico e vocês argumentarão com ele.

No mesmo instante apareceu ao meu lado um senhor, que estendeu as mãos para as crianças.

Eles atenderam o meu pedido prontamente.

– A tia Mara vai falar uma coisa para vocês: independentemente de quem seja escolhido, estarei feliz da mesma forma. Os dois para mim são especiais, mas aquele que for escolhido venha com a ideia de se autotrabalhar e colaborar com o coletivo ao seu redor. Precisamos muito de seres que ajudem o planeta e implantem ideias novas para despertar os espíritos adormecidos que estão ocupando posições estratégicas de liderança controladora, impedindo o desenvolvimento do coletivo. Isso acontece tanto no poder público quanto na iniciativa privada.

Dei-me conta de que estava falando muito sério com crianças que já tinham essa bagagem; não precisava repetir. Achei que não precisava daquele papo careta: o mero fato de terem vindo conversar já mostrava que eram protótipos de tecnologia de ponta, atualizados.

Mudei totalmente de assunto:

– Quem vai dar um beijo gostoso nesta velha tia? – e abri os braços.

– Eu... Eu... – balbuciaram alguma coisa.

E vieram correndo me abraçar.

Naquele momento me senti livre, fora da prisão do meu corpo obsoleto.

Beijei aquelas cabecinhas brilhantes e perguntei:

– Já escolheram o novo nome para a próxima reencarnação?

– Vitória! Vitória! – gritou Antonieta, rápida e em primeiro lugar.

– Tia, eu gostaria de me chamar Antônio.

Me deram beijos – nunca mais esquecerei aquele toque – e foram embora do recinto olhando para trás e abanando as mãozinhas. Contei o que se passou para a paciente, como sempre faço. Ela chorou e disse que relataria tudo ao marido.

Na sessão seguinte, para minha surpresa, "vi" Antonieta enroladinha, dormindo no útero da mãe, fisicamente.

Constatei que a menina é que havia sido escolhida para o acoplamento.

– Antonieta! – chamei baixinho – É a tia Mara!

Ela não respondia. Já estava no processo reencarnatório, em que os espíritos, na maioria, ficam temporariamente inconscientes (o período de uma encarnação).

Senti uma presença masculina no ambiente, que se aproximou de mim e, colocando a mão no meu ombro, disse:

– Ela não lhe ouve mais. Está no processo reencarnatório.

Fiquei quieta ali, olhando aquele espírito dormindo, completamente diferente da expressiva, expansiva e falante menina que há poucos dias reivindicava um projeto de vida. Chorei. Chorei por tudo, por mim e por todos.

Depois daquela sessão a paciente interrompeu novamente o tratamento, alegando falta de tempo por excesso de trabalho. Não consegui mais acompanhar o desenvolvimento de Antonieta.

Um belo dia recebi um telefonema da irmã mais nova de Amabel, dizendo que a criança havia nascido e que os pais optaram pelo nome de Vitória.

Fui escolhida para ser a madrinha espiritual de Vitória.

Mensagem

Preparar o caminho para um ser que está vindo para este planeta não requer apenas a estruturação de condições materiais, como um belo berço, um quarto bem pintado, um plano de saúde. É preciso mais que isso! Não quero dizer que se exija maior investimento em dinheiro, e sim um complemento a esse ingrediente.

Precisamos estar atentos à importância de cultivar um comportamento pacífico, buscar apoio espiritual em Deus! Não estamos apenas estruturando um ambiente material para a chegada de um novo ser; mais do que isso, somos agentes da chegada de um ser com um projeto de Luz Espiritual. Em outras palavras, é como cultivar um jardim para que o brilho das flores seja ainda mais belo!

Esta história nos mostra a importância de os pais buscarem acompanhamento e esclarecimento espiritual quando se planeja ou se está em processo de gravidez.

Trata-se de dar vazão à rede espiritual de Luz de novas consciências.

Formar uma família não é fruto do acaso, embora muitas vezes seja concebido como mero acidente. Precisamos fazer nossa parte para facilitar a vinda para este planeta de seres de luz, capazes de implementar mudanças coletivas positivas, de cuidar do meio ambiente, de cultivar relações virtuosas, de renovar os valores humanos da ética, do amor e da paz!

É disso que o mundo precisa, e no papel de pai ou mãe devemos fazer algo concreto, buscando a conexão espiritual, abrindo caminho para o projeto Divino neste planeta.

Esta história se contrapõe ao caso Clori. Ela permite perceber com nitidez a diferença da presença da energia do amor nos casais que se propõem a trazer espíritos de consciência de Luz.

A língua inglesa e o meu trauma

Quero compartilhar com os leitores um belíssimo fato que aconteceu comigo quando Deus tentava mostrar meu bloqueio em relação ao aprendizado do inglês.

Nunca tive facilidade para aprender ou deslizar nas palavras desse idioma – a facilidade que meu filho tem desde os nove anos. Acho que tenho outros talentos, esse não – era o que pensava.

Aos meus olhos, aprender algo novo é fascinante, maravilhoso. Estou sempre em busca de aprender ou saber mais. Sou uma eterna curiosa da vida.

O tempo todo insisti em cursos de inglês, tentando ao menos balbuciar algumas palavras, e sempre foi em vão e frustrante. Saía da sala de aula e não lembrava mais nada.

Um ano e meio atrás entrei novamente no inglês. A professora Jane, conhecida na cidade por ter uma excelente didática, faz verdadeiros milagres com alunos de qualquer idade.

Fiquei entusiasmada.

Optei pela turma da terceira idade, pensando que seriam lentinhas como eu, que consequentemente não me sentiria tão constrangida em meu projeto.

Telefonei para a professora reservando a vaga e lá fui.

Dessa vez resolvo o problema. Não vou desistir, aconteça o que acontecer – pensei.

Fiz o primeiro semestre e foi tudo bem. Estava feliz com meu desempenho; saía da aula e não esquecia o que tinha aprendido ali.

O segundo semestre foi um caos. Terminei-o pela promessa que fiz a mim mesma no início da jornada. Algumas vezes, na sala de aula, tinha enjoos, mas achava que era nervosismo pela dinâmica que estava sendo aplicada.

No fim do semestre, que também era o fim do ano, decidi repetir o módulo, para me sentir mais segura no aprendizado.

Descobri que as balzaquianas não eram tão lentinhas como eu pensava.

Mesmo contra a vontade da professora, bati o pé e consegui convencê-la. Iniciei em 2007 o primeiro semestre no inglês e foi tudo bem. Claro, é uma repetição, mas tudo bem – pensei.

Iniciei em agosto o segundo semestre. Fui também para São Paulo a trabalho, passando um domingo lá para ajudar uma colega com seus pacientes.

No fim do dia, na volta desse trabalho, enquanto minha amiga comprava balas na bombonière, uma frase na camiseta de um jovem chamou minha atenção: In my sentence I don't remember any on it! (Em minha sentença não lembro de coisa alguma!)

Relembrar aquelas palavras era como um néon em meus pensamentos.

Vim embora e aquela frase continuava viva em minha mente.

Tem coelho nesse mato, pensei.

O que será que Deus está tentando me mostrar que não entendo?

Relatei a meu filho o acontecido e não chegamos a conclusão alguma!

Naquela segunda-feira eu tinha prova de inglês e fui muito mal na sabatina. Percebi que a professora Jane colaborou na nota, considerando as frases mais certas do que realmente estavam. A colaboração talvez fosse para me estimular.

Saí da prova muito chateada, mas no caminho lembrei de Merlin Carothers no livro *O poder do louvor*, que ensina a gratidão por tudo, até nas coisas ruins.

Quem agradece merece, pensei.

Coloquei a nota da prova de lado e fui falando em voz alta pela rua:

– Senhor, Tu é que sabes da minha vida. Se não consigo gravar as palavras em inglês, então eu Te agradeço, muito obrigada. E peço a cura. Quero ter a oportunidade da TUA bênção. Quero ser uma pessoa melhor agora que minutos antes, quero levar as Tuas experiências para além do meu país, e para tanto tenho de aprender esse idioma. Muito obrigada, Senhor!

Antes de chegar à Avenida Brasil, em Camboriú, nem lembrava mais da nota da prova.

Cheguei em casa, passei a mão no livro de Merlin e fui ler. Já passava das 7 da noite.

Estava numa parte onde o autor relatava sua ida a um hospital em que se encontrava internado, gravemente ferido, um major. Merlin era capelão do Exército americano, e naquela data os Estados Unidos estavam em guerra contra o Vietnã. O major contou o que ocorrera.

Na poltrona da sala de minha casa, confortavelmente instalada e entretida na linda história de salvamento, comecei a ouvir um barulho que impedia minha concentração.

Imaginei momentaneamente que a rua estava movimentada naquela noite, mas continuei insistindo na leitura.

O barulho aumentou e identifiquei que era um som característico de hélice de helicóptero.

Estava tão forte que eu não conseguia mais ler.

Parei. Dirigi a atenção para a rua, tentando identificar o som do helicóptero, que parecia muito próximo.

Preparada para levantar e olhar pela janela, notei que o som não vinha da rua, e por um instante parou.

– Que estranho! – falei alto.

Continuei a leitura. Queria saber mais sobre o major e o capelão, mas o som da hélice retornou.

Por um momento pensei: se não é da rua, estou entrando na frequência da história contada pelo autor!

Voltei os olhos para as linhas das duas páginas abertas, mas não li. Coloquei-me em estado de atenção.

Queria identificar o que estava acontecendo.

Uns 2 a 3 cm acima das letras do livro, "vi" uma energia diferente se formando.

Era a sombra das hélices de helicópteros girando no solo. Dava a entender que a aeronave estava no ar perto do solo, parada, aguardando algo. O som era alto, muito alto. O aparelho estava perto.

Um pouco mais à esquerda, "vi" outra energia se formando, nas mesmas condições.

Era um soldado americano de uniforme camuflado, jogando granadas num buraco que estava cheio de galhos de árvores para disfarce.

O soldado era de cor branca, tinha uns 25 anos de idade, aparentava traços italianos e praticava halterofilismo.

Seus músculos eram bem avantajados. Ora eu "sentia" que vinha dele uma onda de medo, ora uma onda de extrema coragem.

Ele jogava muitas granadas com a mão direita no buraco.

Perguntei-me o que Deus estava tentando me mostrar que não entendia e "vi" Sathirion ao meu lado esquerdo, olhando também aquele filme.

– O que está acontecendo? – perguntei a ele.

Não respondeu nada, mas senti um profundo sentimento de compaixão por mim.

Então é comigo, pensei.

Voltei meu olhar para o filme. O jovem soldado de uniforme foi saindo da cena e se dirigindo a mim de costas até se encaixar direitinho em meu corpo, sentado na poltrona.

Olhei para minhas pernas e eram as pernas do soldado, musculosas e com pelos ruivos.

Credo! Esses pelos não são meus... Mas um dia podem ter sido – veio o segundo pensamento.

Concluí que estava passando por uma autorregressão, ao vivo e em cores.

Continuei olhando para as pernas do soldado; a imagem se deslocou do meu corpo e voltou para a cena do filme.

De repente a alça de uma das granadas ficou presa no dedo maior da mão direita daquele soldado e vi uma explosão, sem som.

Apagou tudo, ficou tudo escuro. Tentei ver as paredes do meu apartamento e não conseguia enxergar nada.

Reapareceu a claridade, e o filme não existia mais. Parte da minha cabeça, do lado direito, tinha sido arrancada, e estava cauterizada. Não havia sangue; estava tudo preto.

Tentei "olhar" bem de perto e vi parte do cérebro do lado direito faltando. Meus olhos marejaram, então "senti" que não morri no local do acidente: o helicóptero me resgatou ainda com vida.

Agradeci a Deus por ter podido assistir a parte do meu passado e entendi que aquela leitura abriu a frequência de uma de minhas vidas passadas.

Nesse instante comecei a pensar na frase: I remember my English.

– Hum! Minha nossa! – repeti alto. – Tem ligação com o inglês!

Em função desse acidente de vidas passadas, em que não morri logo, fiquei sem memória. Não me lembrava do idioma inglês.

Fiquei emocionada e chorei. Entendi por que vinha tendo tanta dificuldade para relembrar o inglês em meus estudos.

A falta de memória registrada no meu inconsciente provavelmente estava influenciando meu aprendizado de inglês nesta vida.

A partir daquele dia o estudo do inglês ficou diferente. Passei a lembrar com mais facilidade o que a professora ensinava.

Deus, muito obrigada!

Mensagem

Esta história nos ensina que nunca devemos julgar ou considerar incapaz aqueles que têm dificuldade para aprender algo. Ora, não somos juízes nesta vida, já nos ensinaram Saint Germain e tantos mestres da filosofia oriental.

Sabemos tão pouco sobre a história de cada um que se torna ignorância procurar respostas simples sobre fatos da vida, mesmo no que se refere aos processos de ensino-aprendizagem. Embora a ciência apresente algumas soluções, elas ainda são insuficientes para aquelas crianças que têm dificuldade no aprendizado.

Precisamos com urgência romper os padrões antigos de ensino e buscar novas alternativas.

Acredito que essas novas crianças, que estão vindo de uma consciência de Rede de Luz, trarão soluções mais rápidas e eficazes para o sistema de educação.

É preciso lembrar que um povo educado é mais difícil de ser manipulado.

O desapego e o perdão de Ivone

Encontrei andando na rua de minha cidade uma senhora que conhecia toda a minha família – e a mim desde os quatro anos de idade.

Ela disse que queria se submeter a um tratamento e marcamos um horário. Segundo ela, não tinha nada a resolver, pois se achava velha e já havia passado por tudo na vida, mas queria se preparar para quando chegasse sua vez diante da morte física.

Era viúva, beirava os sessenta e cinco anos e não aproveitava a vida de acordo com a condição financeira que possuía. Enviuvou e ficou entocada em casa.

Iniciei a sessão e a assessoria trabalhou bastante em seu chakra cardíaco, terminando a sessão sem nada de mais empolgante.

Não apareceram vidas passadas, ou seja, a assessoria não trabalhou no seu passado, somente no presente; por isso não surgiram filmes ou janelas.

No outro dia a encontrei na rua, a caminho do supermercado. Ela se queixou de não ter dormido bem à noite. Esclareci que era normal, pois, embora às vezes não apareçam vidas passadas na sessão, isso não quer dizer que não tenhamos trabalhado em algum sentimento ligado ao passado. Ela me ouviu em silêncio.

A segunda sessão, quinze dias depois, foi uma surpresa para ambas.

Logo no início, "vi" o espírito de seu falecido marido sendo trazido até ela pela assessoria espiritual.

Ele se posicionou ao seu lado e começou a chorar.

Olhei para Ivone com meus olhos físicos; ela não tinha mais o semblante sereno do início da sessão.

– Ivone? – perguntei. – Você está me ouvindo?

– Estou.

– Tudo bem?

– Não! Estou sentindo a presença do meu marido. O Toni está aqui. – ela afirmou, categórica.

– Tem certeza, Ivone?

– Absoluta.

– É verdade, ele está mesmo. – confirmei.

Para minha surpresa, ele lhe contou da amante que mantivera por oito anos antes de morrer. Havia sido trazido pela assessoria espiritual porque queria ser perdoado pela esposa.

Traduzi para Ivone o que seu falecido marido queria. Ele chorava muito de arrependimento e repetia diversas vezes a palavra "perdão". Afirmava que ela era o único amor de sua vida e que não ficaria em paz sem ter o seu perdão. Falou muitas vezes que ela não mereceu a infidelidade que sofrera, mas que ele só entendeu isso depois da morte.

– Só depois de morrer e de me dar conta de que estava numa colônia espiritual é que entendi meu papel junto a você. – ele afirmava isso juntando as mãos espalmadas ao encontro dela.

Toni havia sido engenheiro e atuava na construção civil.

Foi um homem considerado visionário para sua época. Era moreno, de cabelos sempre caídos nos olhos, bem alto, talvez 1,98 m. E naquele momento era um espírito voltado somente para a visão espiritual.

Silenciosamente, Ivone ouvia toda a tradução e volta e meia enxugava uma lágrima que rolava pelo canto do olho.

Ela era uma mulher fina, e tinha o costume de primeiro ouvir e depois falar. Finalmente respondeu:

– Doeu muito, mas eu te perdoo. Aonde você for, no plano em que estiver, leve o meu profundo perdão.

Ela enxugou as lágrimas, abriu os olhos, olhou para mim e afirmou:

– Agora sei por que eu queria tanto falar com você, minha filha.

Ele estava precisando do meu perdão para descansar. Na noite passada, quando estava dormindo, senti a presença dele no quarto; senti-o pegar na minha mão. Ele queria falar comigo, e você ajudou. Que trabalho lindo o seu, nunca pensei que fosse assim.

Ivone levantou, se recompôs, olhou toda a sala, sorriu e agradeceu.

A partir daquele dia, sua vida teve outro sentido, outro significado. Ela passou a usar roupas mais coloridas, usar maquiagem com mais frequência, viajar, aproveitar a vida, ser mais feliz.

Após esse episódio, sempre que eu passava por sua casa, ela me chamava para tomar café e falar sobre espiritualidade.

Queria saber do andamento da minha profissão junto aos seres espirituais e se em minhas andanças conscientes fora do corpo eu havia encontrado novamente o seu Toni.

– Nunca mais o "vi", Ivone.

Nove anos depois, passando em frente a sua casa, vi uma ambulância com as luzes de alerta acessas e Ivone sendo levada numa maca. "Senti-a" sem muita energia, e, ao olhar para sua casa, "percebi" que não voltaria mais.

Na noite seguinte, soube que ela fez sua passagem para o plano espiritual.

Nunca mais vi Ivone. Talvez ela agora tenha encontrado seu Toni e algum dia eles venham juntos me fazer uma visita.

Mensagem

A mensagem que Ivone nos passa é a de uma postura sábia. Ao contrário do caso Albina e senhor Júlio, que levaram mais tempo para chegar à mesma conclusão. Estes casos são relatados mais à frente.

Ivone liberou com muita facilidade o sentimento de dor, causado pela traição de seu marido, e também se libertou. Desse momento em diante, sua vida deixou de ser cinza para se encher de cor.

Superando o medo de cobra

Num dia de semana tive de verificar a cinta de cimento com o muro de arrimo de um quiosque novo que pedi para o Sr. Milton fazer no "Vale Encantado", meu sítio.

Coloquei meu pé esquerdo na descida do barranco a fim de verificar se o muro de arrimo estava no prumo e ouvi um canto de pássaro que vinha de longe. Fiquei feliz por estar, no que seria uma manhã de trabalho para a maioria dos mortais, num lugar tão lindo e em contato com a exuberante Mata Atlântica.

Logo em seguida, ouvi perto dos meus pés um leve barulho de folhas secas sendo remexidas.

Resolvi não movimentar o pé, a fim de ouvir o amassar daquelas folhas com mais nitidez, enquanto calculava a exatidão da parede feita.

Depois de olhar bem, resolvi identificar quem estava passando por ali, imaginando que seria algum lagarto à procura de ovos de galinha.

Mas, para minha surpresa, era uma cobra, ajeitando lentamente o corpo para dar o bote em minha perna. Ela estava esperando a movimentação obviamente gerada pelo meu campo de calor.

Não tive medo dela, e pude mirar o pequeno e redondo olho com uma película que o envolvia (diria que era a pálpebra).

Lembrei que já tive muito medo desse bicho e que não conseguia entrar no "Vale Encantado" só de pensar nelas, as "meninas", como as chamo.

A cura desse medo veio de um encontro casual que sabemos ser de um enviado de Deus.

Um belo dia fui com amigos visitar um morro na cidade de Canelinha, onde ocorria incidência ufológica. O proprietário daquelas terras era médium de incorporação. Sentindo meu medo pelas meninas, deu uma oração para eu recitar durante sete dias.

A oração era tão simples que não acreditei em sua eficácia. Mesmo assim, fiz o que ele recomendou por algumas vezes, já que ele havia sido tão educado e gentil comigo.

Para minha surpresa, e para me dar conta de que língua não tem osso, tarde da noite recebi em meu quarto a visita de três senhoras em espírito vestidas como caiçaras.

Eu estava acordada. Usava um pijama-bermuda, pois estava calor. Perguntei:

– Quem são vocês?

– Fomos enviadas pelo senhor João para atender seu caso de veneno de cobra. – informou uma delas.

Elas pareciam irmãs: baixinhas, magrinhas, vestido de chita sem manga, cabelos compridos puxados para trás formando um coque com o próprio cabelo.

A pele clara era manchada pelo excesso de sol e bem enrugada. Não eram idosas, mas tinham aparência de maltrato.

As unhas muito curtas denotavam trabalho pesado.

Uma delas trazia na mão uma frigideira pequena, de borda alta, preta e encardida pelo uso.

A outra trazia folhas verdes arrancadas do ramo com uma lata contendo um pouco de gordura; eu diria que era banha de animal.

– E o que vocês vão fazer? – perguntei, curiosa.

– Não se preocupe; vai dar tudo certo. Só não se mexa. – respondeu uma delas.

Esperei elas irem à perna correta e não erraram. Era mesmo um pouco acima do tornozelo esquerdo, pelo lado de fora da perna.

Hum! – pensei. – Já começaram bem, sinal de que entendem do babado. Estou gostando disso; gosto de pessoas que sabem o que fazem.

Em outro momento eu já tinha "visto" o buraco depois de ter sido picada pela cobra em outra vida, e sabia que havia morrido por esse motivo.

Elas posicionaram a frigideira preta, mas eu não "via" o fogo. Com uma colher de sopa de metal, colocaram a gordura ou banha, deitaram três folhas verdes de erva naquela gordura e esperaram elas murcharem; a fritura não ocorreu.

Lembro que as três folhas eram grandes, porque quase cobriam todo o fundo da frigideira. Em seguida levaram até a perna que a cobra havia "picado".

Nesse instante "vi" novamente o *flash* do passado: eu era um homem jovem que usava calça comprida cinza de algodão com dois tipos de risca de giz em preto, um largo e outro mais fino, e sapato preto. Pisei perto da serpente. Ela não picou quando posicionei meu pé na passada, mas sim quando ergui o pé esquerdo na continuidade da caminhada.

Era uma cobra pequena, porque onde eu andava o capim não era alto, mas seu veneno foi letal para mim. "Vi" meu corpo deitado numa cama de hospital e um profundo buraco preto e purulento na perna.

Quando uma das caiçaras aproximou-se com as folhas murchas, uma de cada vez, do local da picada e as deitou com cuidado, esticando-as, "vi" um fervilhar preto vindo de dentro para fora. Imaginei ser o veneno. Igual à fervura que a água oxigenada levanta quando colocada em um ferimento.

Tiraram uma tira de pano não sei de onde e enfaixaram meu tornozelo. Não senti dor nenhuma. Ouvi:

– Amanhã voltaremos.

Com olhar carinhoso, saíram pela porta do meu quarto, desaparecendo no nada.

No outro dia estavam elas lá, fazendo a mesma coisa com as folhas e trocando o curativo.

Por três noites isso aconteceu, e se naquele momento, perto do muro de arrimo, eu estava sem medo olhando aquela cobra marrom em posição de bote, era graças às três caiçaras do mundo espiritual.

Enquanto olhava para aquela cobra, pude constatar que estava curada. Lembrei disso tudo e pude admirá-la. Como era linda!

Lembrei que os livros de Saint Germain citam que os animais não são ferozes. Pude vê-la levantar as escamas lentamente; o brilho das escamas era de cor marrom castor.

Vi que é a parte da frente do corpo que se alinha com a parte traseira para o bote.

Nesse instante, "vi" chegar rapidamente uma entidade espiritual e tentar se equilibrar na mureta do Sr. Milton.

Ofegante, mas imediatamente, levantou e abaixou a mão direita, dando o comando para que a cobra fosse embora.

Não tirei os olhos da cobra; ela instantaneamente atendeu a ordem de comando daquela entidade.

– Chegou atrasado, meu irmão. Por onde andava que não cuidava de mim? Eu podia ter sido picada novamente!

Levantei os olhos e me virei para a entidade, movendo o corpo para cima do barranco.

Tentei ver para onde a cobra tinha ido e não a achei mais.

Fiquei ali parada olhando para a entidade, tentando entender qual era a mensagem do dia.

"Senti" que a função da entidade era cuidar para que nada acontecesse comigo, não para orientar, apenas me cuidar. Não ficava muito perto de mim e "senti" que era um aprendiz do outro lado, assim como eu do lado de cá.

Entendi que aquele enviado já havia aprendido a técnica sobre o domínio das energias com os animais.

Lembrei que Saint Germain havia dois anos me mandava livros para ler sobre precipitação. À medida que quebramos a maioria das crenças em nosso inconsciente, adquirimos o domínio sobre a natureza, o mesmo que teve Jesus quando estava no barco com os pescadores e ordenou que a tempestade melhorasse. Assim como teve domínio sobre seu corpo físico, quando reviveu e saiu da cripta onde foi enterrado.

Olhei séria nos olhos do enviado e mentalmente disse a ele que podia relatar ao seu superior que eu havia entendido a lição. Recitei algumas passagens de onde havia lido isso tudo.

– E diga a ele que estou esperando ser levada para a caverna dos símbolos!

Seus olhos já estavam arregalados, e ficaram mais ainda, porque sabia do que eu estava falando. Em seguida, fui embora.

Essa literatura vocês poderão encontrar na trilogia de Godfre Ray King, sob o título *"Eu sou" a presença mágica*, v. 2, da Editora Ponte para a Liberdade.

Mensagem

O ponto essencial deste caso consiste em perceber que, à medida que expressamos nosso Eu Sou, adquirimos um nível de poder, percebendo uma hierarquia de poder energético dos níveis em que vivemos.

A cura de Albina através do perdão

Tive um caso bem difícil em minha trajetória profissional ao ser intermediária de uma jovem senhora chamada Albina.

Por volta de 2005 ela procurou meus serviços para melhorar nesta vida e se preparar para a próxima.

Albina vinha do Rio Grande do Sul, mas residia em São Paulo, capital, havia muitos anos. Nessa cidade ela se casou, teve duas filhas e enviuvou.

Passou por duas sessões e pouco melhorou. Deu uma parada e retornou em 2007. Mesmo assim, já na segunda bateria, ela tinha dificuldades em quebrar suas crenças.

Ela não era agradecida a seus pais nesta vida, assim como em outras também. Nesta, sofrera muito com a ignorância paterna e tinha graves dificuldades na aceitação de perdoar a seu pai, mesmo ele já tendo falecido.

Seu olhar era triste e com uma visão muito negativa para a maior parte da vida.

Por mais que eu falasse em mudanças e ela lesse bons livros a respeito da reforma interna, pouco conseguia sair do velho padrão.

Em certa sessão, a assessoria proporcionou a visita em espírito do seu pai, que veio pedir perdão a Albina.

Ele alegava que só depois de falecer, quando começou a frequentar as escolas nas colônias espirituais, entendeu o quanto havia sido ignorante com sua família, em especial com essa filha.

Mesmo assim, Albina ficou indignada com a petulância de sua visita e colocou em questão a sua vinda para a clínica.

– Eu venho aqui para vocês me ajudarem a esquecê-lo, e não para ele me visitar!

Naquela época meu trabalho estava já de braços dados com os florais de Bach. O paciente era atendido também por Edward Bach, que, por meio da minha vidência, passava a receita das essências de flores de que o paciente necessitava. Em 25 de agosto de 2009, às nove horas, ocorreu a sessão de Albina, e foi bem contundente.

Antes de ela se deitar na maca tivemos uma prévia, e, como era de esperar, a história do pai veio à tona.

Deixei-a extravasar os sentimentos não virtuosos a respeito do assunto e se acalmar.

Convidei-a a se deitar na maca e a cobri com uma manta, pois ainda estava presente em São Paulo um inverno rigoroso.

Sentei em minha cadeira e iniciei a leitura de praxe. "Vi" Godfre Ray King se aproximar da paciente, indo direto no seu hemisfério esquerdo. Ao seu lado estava Helena Blavatsky, e também se encontrava presente a Senhora Nora (a assistente de Bach). "Vi" o Mestre Ascenso de terno e gravata borboleta impecavelmente branca. Ele mexia no cérebro de Albina para retirar uma massa mole e negra.

Em seguida, além da massa, mexendo mais profundamente, ele retirou um estrado de madeira velho e podre com pregos enferrujados. Já com os dedos fora, chegando à altura da caixa óssea, ele deu um forte puxão, para liberar tudo de uma só vez.

Repetiu esse procedimento diversas vezes. Perguntei para a paciente se estava sentindo algo e ela respondeu que havia um formigamento onde ele estava intervindo.

Em seguida, "vi" prédios à noite, à altura de 200 m para mais, como uma cidade sendo vista de cima para baixo, e Albina caindo por entre eles. Também havia um som de grito de pavor, de insegurança e de estar perdida no nada. Mostrava uma queda no vazio.

Após esse episódio, formou-se uma nuvem preta na altura do olho físico esquerdo de Albina, e dali de dentro saiu um tiranossauro *Rex* com uma cabeça três vezes maior que a dela dando mordidas ao léu em minha direção.

Assustei-me e empurrei meu corpo físico para trás, pois não tinha ideia de que ele ia tentar pular para o meu lado.

O som de suas tentativas de morder era alto e bem nervoso.

Sumiu a nuvem negra e eu "vi" uma porta de duas folhas, por onde ele saía com seu cabeção nervoso.

Lembrei-me com muita facilidade da portinha do relógio cuco que minha avó tinha na sala de sua casa. A diferença é que a portinha do cuco era de uma única folha e dela não saía dinossauro nenhum. Além do mais, casa de avó é para aconchegar e não para assustar as crianças.

Logo após aparecer esse tiranossauro, surgiu no ambiente um sentimento de ódio mortal, seguido de raiva e mágoa.

Eu sabia que o Mestre estava desintegrando os registros que Albina trazia do passado, e aquele estava forte, fedido e pesado.

De repente, sem avisar, os dois minúsculos bracinhos daquele tiranossauro nervoso puxaram as duas folhas da portinha e ele recolheu o cabeção rapidamente, como se dissesse: acabou o *show*.

Imediatamente olhei para o Mestre, que continuava entretido no que estava fazendo. "Vi" que o tiranossauro *Rex* estava escondido em uma casinha de aproximadamente 4 cm x 4 cm que tinha inclusive telhado. "Vi" o dinossauro nervoso, acuado no escuro em um dos cantos onde tinha fechado as portinhas, olhando para o telhado com os olhos arregalados.

Só para o leitor entender, toda essa construção é feita pela própria pessoa, no caso, Albina.

O tiranossauro *Rex* era o sentimento não virtuoso que ela nutria: ódio mortal do pai pelo que ele havia feito a ela nesta vida.

Esse sentimento não virtuoso pode estar também ligado a vidas passadas; da forma pesada na qual se apresentava, provavelmente era o encontro com o mesmo espírito.

O dinossauro nervoso amansou.

No momento seguinte, "vi" o Mestre arrancar parte do telhado da casinha do dinossauro, que não era mais *Rex*, e uma enorme claridade entrar.

O Mestre arrancou mais um pedaço da parte dos fundos da casinha, e o dinossauro agora tremia de medo.

Ele também o pegou pelas pernas com a mão direita e o retirou da sua segurança. Levou-o até a altura do Seu tórax e passou a acariciar sua cabecinha. O dinossauro batia as asas sem parar, não aceitando a energia do Mestre.

Depois de umas oito passadas lentas de mão na cabeça do bichinho, Ele o levou para uma gaiola que Helena Blavatski trazia, em cujo interior já haviam trancado quatro do mesmo tipo.

Depois que o Mestre o colocou lá dentro e fechou a portinha, Helena levou consigo a gaiola e se dirigiu para a floresta.

Obviamente eles iam passar pelo processo de transmutação.

Albina reclamou de tontura e o Mestre voltou-se para o ninho de abrigo do dinossauro. Ao redor da casinha havia um encapsulamento fibroso, onde ele fez uma limpeza total.

Ficou um buraco do tamanho de uma bola de tênis na cabeça de Albina, que o Mestre preencheu com um creme e algodão. Ele fez um curativo para cobrir o buraco e enfaixou a cabeça da paciente.

Já tive outros casos nos quais o sentimento não virtuoso começa a tomar forma.

Não ia levar muito tempo para o ódio mortal que Albina nutria se transformar em uma doença física grave.

Este é o segundo estágio do sentimento não virtuoso, que começa a corroer a matéria orgânica.

O primeiro estágio eu "vejo" como uma nuvem solta nadando pelas energias que nutrem, formam e permeiam as células orgânicas ou físicas.

O segundo estágio eu "vejo" já com forma, tendo vida própria, como um hospedeiro e seu ninho de segurança, no qual destrói a energia ao seu redor, que permeia, une e forma as células físicas.

O terceiro estágio é essa forma destruindo as células físicas, onde se manifesta a doença fisicamente.

Além dos estágios, existem também subestágios. Quando o paciente já vem com a doença instalada, perto de entrar no padrão terminal, a assessoria ajuda a fazer a passagem para o mundo espiritual.

Para não chegarmos a um estágio final devido a um coração teimoso e endurecido, eu receito a lei do perdão, no mínimo 100 vezes ao mês, para limpar o sentimento não virtuoso. Ou seja, a própria pessoa mata o próprio tiranossauro *Rex* que criou e depois exercita o "EU SOU", que é ver isso no outro.

Ver o EU SOU no próximo é ver as virtudes nele.

Dessa forma teremos menos doentes físicos, menos hospitais, menos dinheiro gasto em vão e mais projetos de Amor no planeta.

Mensagem

Albina nos mostra a importância de persistir na busca da autotransformação, preferencialmente antes do mal se materializar em uma doença no corpo físico.

Ela foi uma discípula persistente. Mesmo não vendo resultados aparentes, insistia no tratamento e em leituras que lhe instruíssem para superar suas dificuldades por meio da transformação interna, embora num nível de mero conhecimento literário, sem viver a experiência e a efetiva transformação interna. Albina também foi teimosa, quando se recusava a ver o problema de frente. Perdoar não é um exercício fácil, ainda mais quando há desavenças, e quase sempre o são por esse motivo, resultando também de histórias de outras vidas. Para superar essas desavenças, precisamos nos apropriar de todos os recursos possíveis. Quanto antes o ódio for dissipado, antes teremos a chance de usufruir da alegria e plenitude da vida!

Este caso me fez pensar muito sobre ver com meus olhos físicos e ver através da clarividência: quem sou, o que estou fazendo em uma profissão tão diferente, quem são as pessoas que me rodeiam e que se debatem tanto para chegar a um objetivo, que é a infindável autoconstrução?

A mensagem de Albina é: precisamos refletir sobre a vida.

O que realmente vale a pena?

Nutrir ódio ou qualquer sentimento não virtuoso ao ponto de chegar a um tiranossauro Rex raivoso é, a meu ver, impedir com grades de ferro o recebimento de coisas, pessoas e situações maravilhosas que ajudariam mais facilmente nosso crescimento interno.

Sabemos que somos a imagem e semelhança de Deus na vida, mas apenas saber foi pouco para mim. Quero Ser a forma física, Ser num único bloco essa centelha Divina. Quero mais... Quero Ser no meu corpo toda essa Luz Divina.

Quero mais...

Quero Ser Deus em Ação aqui e agora!

Hospital Luz Divina

Por volta de sete anos atrás fui parar no pronto-socorro de minha cidade.

Não fazia muito tempo, eu descobrira ter pressão alta, 29/19, e meu corpo ainda estava se adaptando aos remédios que o médico receitara.

Um dia, após ser atendida no hospital, num final de tarde, retornei ao pronto-socorro e o jovem médico que me atendeu informou que eu deveria ser internada para fazer mais exames.

Assim fiz, e fui encaminhada a uma nefrologista.

No hospital fiquei num quarto com banheiro junto com outras três senhoras, esperando minha vez de ser examinada.

Na noite seguinte, depois das 22 horas, quando tudo estava em silêncio, "assisti" a um atendimento espiritual na ala infantil, que ficava perto da minha cama. Eu estava encostada na parede do lado direito de quem entrava no quarto, após o banheiro.

Como gosto de dormir do lado direito do corpo, ficava diretamente de frente para a ala infantil, que estava num nível físico mais alto que o meu quarto.

Fiquei o dia inteiro sem ter o que fazer e à noite não tive sono.

No escuro, ou seja, sob a fraca luz vinda do corredor, fiquei olhando para o nada e de repente "vi" um clarão do lado contrário, dirigindo-se à rampa da ala infantil.

Virei a cabeça para o alto na intenção de verificar do que se tratava, tamanha a claridade, e a surpresa foi grande: era uma legião de anjos adultos que voavam com longos vestidos cintilantes rente ao chão e pequenos anjos voando ao alto, ao redor deles.

A luz que aqueles seres emanavam era tão forte e clara que parecia um conjunto de refletores de um campo de futebol.

A legião de anjos dirigiu-se para a ala infantil, voando em pequenos grupos sobre os berços e sobre as crianças que dormiam em camas para adultos, recolheu seus espíritos e retornou por onde veio.

Alguns anjos, de mãos dadas com os espíritos das crianças, ajudavam-nos gentilmente a descer a rampa.

Outros vinham com os bebês no colo, ainda cobertos com mantas.

Era uma imagem para lá de maravilhosa!

Entendi que as crianças, além de serem tratadas no corpo físico com médicos encarnados, também têm o espírito tratado pelo mundo espiritual, para que o efeito (cura) seja mais rápido no corpo físico.

Desapareceram no nada, e a ala infantil ficou no escuro novamente, ou seja, à meia-luz terrestre.

Nesse instante "ouvi" ao meu lado uma voz masculina perguntando:

– Quem é você?

Olhei para a beirada da minha cama e ali estava um espírito em pé, com jeitão de andarilho.

Suas roupas eram rasgadas e sujas, tinham aspecto de abandono. Ele usava um cajado.

– Eu é que pergunto: quem é você? Aliás, o que você está fazendo aqui? – respondi com voz forte, apoiando o corpo no cotovelo direito.

O homem se assustou com minha reação e deu um salto para trás. "Senti" que ficou com medo.

– Você morreu neste hospital ou está procurando alguém?

– Nada não! Já estou indo.

E saiu porta afora.

Fiquei ali deitada, lembrando a imagem dos anjos. Lembrei que minha Omã também tinha terminado sua encarnação naquele hospital.

– Puxa! Quanta experiência! – e acabei dormindo.

De repente "senti" uma claridade em meus olhos e acordei.

Era a falange angelical trazendo os bebês e as crianças de volta.

– Que lindo! – exclamei, em voz alta.

Olhei no relógio. Eram cinco horas da manhã.

Deitei a cabeça novamente no travesseiro e fiquei quieta, cobrindo-me com o cobertor.

– Dona Mara? – uma voz masculina me chamou.

Escutei mas não respondi.

– Dona Mara Brattig?

– Sim, sou eu. – respondi, secamente. – Quem me procura?

– Sou o Dr. Eduardo, o cardiologista...

– E o senhor vem falar comigo às cinco horas da manhã sem eu ter escovado os dentes?! – falei rispidamente. – O senhor já tirou a roupa suja? Tomou banho e jogou o cajado fora?

Percebi um silêncio e resolvi lentamente puxar o cobertor da minha cabeça para ver quem era.

Não era o andarilho. Era mesmo o cardiologista!

Quase morri de vergonha.

Quando ele me viu, repetiu:

– Sou o cardiologista recomendado pelo nefrologista.

– O senhor me desculpe a falta de jeito. – falei, educadamente.

– Não tem problema. Estou esperando a senhora para fazer os exames. – ele respondeu, gentilmente.

Mensagem

O caso do Hospital Luz Divina fala da maravilhosa equipe angelical que cuida das crianças encarnadas que estão hospitalizadas.

Deste caso levo uma das mensagens mais lindas que a clarividência pôde me proporcionar. Vi a claridade da Luz em diversas tonalidades entrando em uma energia hospitalar, que é densa, e fazendo um papel tão lindo pelas nossas crianças.

Essa situação se passou em um hospital da minha cidade.

Fico imaginando os diversos hospitais de todo o planeta nos quais as crianças são tratadas por essas falanges angelicais da Luz.

Continuo com a certeza absoluta de que somente a Luz proporciona a cura, a evolução, o aprendizado, a condição magnânima que um ser pode atingir!

A casa mal-assombrada

Fui indicada para fazer uma visita, como terapeuta, a uma casa cujo proprietário alegava estar passando por constrangimentos espirituais estranhos.

Diziam que a casa tinha habitantes espirituais, que era mal-assombrada.

Quem me levou foi uma amiga chamada Cláudia, esposa de um artista plástico conceituado no Brasil.

A casa fica no bairro Estaleirinho, na cidade de Balneário Camboriú, de frente para o mar, com uma arquitetura que lembra a região do Mediterrâneo.

Por coincidência ou não, o arquiteto que construíra a residência havia sido em vida parente de minha amiga Cláudia, e só fiquei sabendo disso quando chegamos lá.

A casa tem cerca de trinta anos, e, segundo o atual proprietário, foi a primeira a ser construída com piscina de frente para o mar no litoral catarinense.

Lá chegando, avistei um jardim muito verde com uma árvore enorme, conhecida popularmente como chapéu-de-sol (*Terminalia Catappa*), quase no centro do gramado.

Fomos recebidas pelo atual proprietário, Mael, muito gentil. De origem espanhola, ele reside em Curitiba há 10 anos.

Sentamos ao redor da mesa do jardim, embaixo da expressiva árvore.

Realmente a paz reinava ali. Era uma tarde ensolarada de sábado, dia 9 de fevereiro de 2008.

Fiquei quieta em minha cadeira. É normal, quando chego a um lugar onde as pessoas não me conhecem, mas têm referências do meu trabalho, elas não se aproximam tão rápido; têm medo.

Serviram champanhe. Como não bebo álcool, aceitei suco natural, que estava delicioso.

O jardim, apesar de estar de frente para o mar, não tinha vista para ele. A restinga alta cobria a cerca de tela com mourões de pedra muito bem cortados.

Aliás, diga-se de passagem, em quase toda aquela região do Balneário Camboriú é tudo bem preservado, muito lindo.

Volta e meia vinham do mar, aos trambolhões, nuvens em ondas de pequeníssimas gotículas de água que se encontravam, entrelaçando-se com os raios quentes do sol norte que batia naquele jardim. Quase formava um arco-íris!

As gotinhas caíam na grama e eu esperava o retorno da nova onda, alheia à conversa que rolava na mesa.

O jardim não tinha flores. Eram vários tons diferentes de verde, com exceção de um enorme pendão de agave que se mostrava no ar tentando colocar muitos botões brancos.

Minha concentração naquele verde foi interrompida quando Mael perguntou como era meu trabalho.

Expliquei como funcionava e fui convidada para conhecer a casa e o resto do jardim.

Entrei na residência totalmente aberta, escancarada, mas nada "vi".

Quando fui conduzida para o jardim dos fundos, era horrível a energia de tristeza e decepção concentrada naquele largo.

Aquele jardim era bem menor que o da frente e o lateral, concentrando mais sombra de árvores, incrustadas em uma forte elevação cheia de pedras estrategicamente colocadas.

Só para o leitor entender: essa elevação é repentinamente jogada na parede da casa com um pequeno caminho que conduz até o janelão da sala.

Uma sacada estava aberta, e a porta dos fundos da cozinha também.

Mael não sabia quantos espíritos moravam ali. Ele afirmava:

– Estou de mãos atadas, não consigo ver além da matéria, minha visão é só física. Preciso de alguém que resolva isso para mim! Por mim não tem problema, sabe, Mara, não tenho medo, mas a casa é ocupada por outras pessoas que têm medo.

Mael era o terceiro proprietário da residência, e, quando os convidados ligavam aparelhos eletrônicos como, por exemplo, a televisão, eles explodiam. Chamavam o técnico e nunca havia nada; tudo estava funcionando perfeitamente.

Em horas diferentes, com pessoas diferentes, quase tudo já havia explodido naquela casa sem que existisse realmente algum problema físico.

O técnico havia sido chamado tantas vezes que atualmente não recorriam mais a ele; deixavam o aparelho de lado por um tempo e ele voltava a funcionar sozinho.

Mael contou que um dia um amigo tomava banho quando o chuveiro, sem mais nem menos, explodiu, liberando uma fumaceira infernal.

O amigo quase morreu de susto. O eletricista, chamado, confirmou que o chuveiro estava em perfeitas condições e que ele não precisava fazer nada.

Segundo Mael, os amigos que conheciam a história da casa e não tinham medo até que encaravam a situação com bom humor. Mas os que não conheciam a história e tinham medo... Para esses era um dilema.

Fico imaginando a reação das pessoas, convidadas por Mael para passar um final de semana na praia, numa linda casa, com um jardim belíssimo e espíritos brincalhões que gostam de assustar as visitas explodindo aparelhos.

A falta de conhecimento nessa área da nossa cultura ocidental provoca muitas dúvidas e perguntas, misturadas ao medo. O convite de Mael no mínimo acabava sendo macabro e assustador.

Deu para perceber que Mael é uma pessoa de cabeça aberta, bem informada, que acabava passando os finais de semana na presença de poucos amigos.

Contando outra situação, Mael afirmava que durante o dia às vezes conseguiam ver que era um homem; ele passava pelas pessoas, atropelando quem estivesse em seu caminho.

Sentiam o vento ser fisicamente deslocado pela passagem daquele espírito.

Mael encolhia os ombros, dando a entender que não sabia mais o que fazer.

Depois de saber de toda a história da casa, como se ela fosse uma paciente, convidei Mael para sentar naquelas pedras do largo.

– Sim. Para mim está bom. – ele respondeu.

O cachorro de Mael estava sempre junto de nós. Quando sentamos, o cão sentou entre as pernas de seu dono.

Percebi que o cão demonstrava certa vivência no reino animal. Enquanto os outros quatro brincavam entre si, um puxando as orelhas dos outros, no jardim da frente, este nos acompanhava. Por diversas vezes, quando Mael contava as histórias da casa, "percebi" que ele também tinha a "visão" para a movimentação espiritual que me acompanhava.

O cão "olhava" de cima abaixo alguns dos personagens que me acompanhavam naquele atendimento e não latia.

Tive outros atendimentos em que o cão chegava perto de mim, "via" os personagens e se acabava de tanto latir, quando não corria ao meu redor tentando morder a assessoria.

Quando isso acontece, tenho de ir embora e retornar em outro momento para não assustar os proprietários pela falta de informação no assunto.

O cão de Mael provavelmente já está no final do nível animal, e é por isso que age amistosamente (é nesses casos que o dono diz: "Meu cãozinho só falta falar").

A sombra daquelas árvores proporcionava, volta e meia, golfadas de ar fresco, característico da bênção da natureza ao nosso redor, que banhavam por inteiro nossos corpos ali sentados.

Dei início à primeira sessão da casa utilizando Mael como seu representante.

Mal comecei e o espírito perturbador se manifestou. A assessoria de cura rodeou-o, tocando-o com profundo sentimento de compaixão.

O espírito sentou em uma das pedras na nossa frente e chorou muito. Foi lindo do ponto de vista da cura.

– Morri desgostoso. As pessoas não me entendiam, e sofri muito. Este lugar era meu esconderijo de sossego, e agora vêm pessoas que não conheço a minha casa. Não foram convidadas! – relatou o espírito.

Esse espírito, que em vida era parente de Cláudia, se chamava Pedro. Foi o arquiteto que construiu a residência. Era homossexual, faleceu com Aids e sofreu muito até o desencarne.

O sofrimento maior foi com o preconceito, dentro e fora da família, por sua condição sexual.

Mentalmente, fui dizendo a ele que não precisava mais estar ali, que permitisse ser encaminhado para lugares mais lindos, e que aquela casa estava no tempo de outras pessoas terem suas experiências. Que sua insistência em ficar ali explodindo os aparelhos atrapalhava todo um novo ciclo, e que ele, libertando-se daquilo tudo, poderia se renovar ainda mais. Sua aparência era feia: estava barbudo, cabeludo e confuso.

Chorava muito, mas escutou meu exercício, o princípio do Universo, sempre enxugando as lágrimas.

Do seu chakra cardíaco saía uma pasta preta de sentimentos de dor, decepção, insatisfação, revolta e muita amargura.

Em nenhum momento "senti" ódio mortal. Percebia-se que era um ser bom, pela aceitação rápida que teve. Queria acertar a vida pela LUZ.

Fui relatando os acontecimentos para Mael, e, por incrível que pareça, ele teve lampejos de vidência e "viu" Pedro chorando na pedra também.

Na mesma pedra que Mael disse que Pedro estava, realmente era ali que ele se encontrava.

Naqueles 45 minutos Pedro chorou uma encarnação e mais um pouco de desamor.

Observei que o cão de Mael continuava deitado em seus pés, muito tranquilo.

Nessa sessão a bisavó de Mael resolveu aparecer e passou uma mensagem pessoal para ele. Foi lindo!

Foi uma sessão leve, carregada de LUZ e encaminhamento para todos.

Terminei a sessão e Pedro foi levado pela assessoria de cura. Passaram pelo jardim da frente e saíram pelo portão que dá acesso à praia, subindo no nada.

Voltamos para a mesa, os cachorros alegres, pulando e pulando de um lado para outro no jardim, nos divertindo muito.

Ficamos naquele jardim o resto da tarde. Depois da sessão, a integração dos convidados da casa e Mael em relação à minha pessoa ficou maior.

Ficou explícito que fui aceita pelo grupo por ser uma pessoa do bem. Isso me deixou mais à vontade e muito feliz.

Não é a primeira vez que sou chamada para atender espíritos perturbados que residem em ambientes sem serem convidados, por diversos motivos, mas nunca o proprietário da residência foi tão tranquilo e aberto para uma boa solução.

No dia seguinte dei início a esse relato, colocando-o no papel.

Na segunda vez que retornei ao texto, fui flagrada com a visita de Pedro, na mesa da cozinha de minha casa, acompanhado pela assessoria de cura.

Debruçou-se em cima do texto e falou:

– Fiquei sabendo que minha história está indo para seu livro e me foi permitido conferir.

Parei de escrever e respondi:

– É verdade, está quase pronto.

Ele ficou em pé, parado no outro lado da mesa, olhando tudo na cozinha. Perguntei:

– Por que ainda não cortou essa barba? Já está na hora.

Ele não respondeu nada. Estava muito interessado em tudo no mundo novo em que tinha se permitido inserir.

Observei que sua roupa não estava mais suja e rasgada. Ele estava limpo e curioso por tudo.

Foi saindo com a assessoria e não o "vi" mais.

Fiquei feliz por aquela libertação!

Mensagem

Quando adquirimos um imóvel ou mesmo um bem móvel, como um carro, precisamos nos certificar sobre a qualidade da energia contida ali.

Podemos inclusive chamar um profissional competente da área, um radiestesista, alguém que utilize as técnicas do Feng Shui ou aplique decretos.

Voltamos ao ponto inicial da vida. O que pensamos que somos. O que pensamos está pautado nos egos ou em nosso cognitivo, que é a expressão do nosso Eu Sou.

Cabe lembrar que cada pensamento, palavra, olhar ou atitude é energia. Tudo no Universo é energia. Pense na energia que deposita em sua roupa, em seus amigos, em sua casa, em seu carro, em sua cidade, em seu estado, em seu país, em seu planeta. Que energia você está colocando em seu ato sexual? Energia física ou energia Eu Sou Deus em Ação? Lembre-se: a energia que você utiliza influencia a vazão de um ser de Luz ou não.

Para solucionar o problema, na atual conjuntura do planeta Terra, que está indo para a quinta dimensão, precisamos fazer nossa transformação interna, expressar somente o Eu Sou Deus em Ação Agora.

Mas temos outra alternativa: chamar um profissional competente da área.

A teimosia de Jander

Jander era o filho mais velho de dois irmãos numa família bem conhecida minha. Sua mãe, uma pessoa maravilhosa, é cabeleireira e sempre manteve uma filosofia de vida espiritualista no lar.

Ela indicou algumas irmãs para o tratamento. Estávamos sempre em contato, falando de Deus.

Chegou o dia em que esse seu filho, Jander, entrou em uma faculdade federal de engenharia civil em Florianópolis. Todos nós estávamos felizes por isso.

Num país emergente como o nosso, os filhos da classe média baixa só entram em faculdades federais quando são muito inteligentes, e esse era o caso de Jander.

Ele era um jovem moreno, alto, bem magricelo, muito fechado, extremamente racional, materialista, ao contrário do restante da família.

Isso incomodava sua mãe, Diva, que volta e meia me perguntava que livro deveria indicar a ele, como ajuda para ampliar a visão de vida espiritualista do filho.

Jander era insistente no seu ponto de vista, e, por mais que eu argumentasse, não cedia.

Finalmente, ele se formou engenheiro, para alegria de sua mãe.

Algumas vezes, até mesmo em encontros na rua, eu tocava no assunto de espiritualidade e ele sempre fugia.

Certo dia, ao trazer seu convite de casamento a minha casa, não encontrou ninguém, mas nos encontramos na calçada, perto dali.

Aproveitei o ensejo e toquei no assunto: disse que deveria se abrir mais para Deus. Ele respondeu objetivamente, sem meias-palavras:

– Não me peça mais para ler os livros que minha mãe lê, porque não acredito nisso. Acredito em Deus como uma energia, mas não "vejo" como você. Não "escuto" como você. Minha visão sobre Deus é diferente da de vocês. Não quero mais falar nesse assunto. Talvez um dia, também não sei quando! Mas gostaria muito que você fosse ao meu casamento.

– Jander, vou atender seu pedido. Nunca mais vou falar de Deus com você. Acabou aqui minha insistência e meu projeto com você.

Nesse instante e com essas palavras, olhei de relance para a calçada, "vi" Jander andando por ela sozinho e em dado momento uma enorme pedra, dez vezes maior que ele, obstruindo o caminho que seguia.

"Senti" também que, diante da enorme pedra, por mais que procurasse, não achava a solução para transpô-la. Precisava encontrar a técnica para tirá-la de seu caminho; essa era a lição naquele momento de sua vida. Depois da pedra a calçada estava limpa, sem resíduo nenhum, e me dei ao trabalho de, através da vidência, ir até a rua e observar de perto a pedra, que simbolizava o obstáculo de aprendizado.

Quando isso me acontece, quem está conversando comigo percebe que estou ali apenas de corpo presente, mas não sabe o que está se passando comigo. A maioria das pessoas acha que estou passando mal.

– Tudo bem? – Jander perguntou.

– Tudo ótimo, mas preciso contar algo a você. – relatei na hora minha "visão".

Ele escutou atentamente e perguntou:

– Quando isso vai acontecer?

– Não sei exatamente, mas sei que é logo, e está ligado com a sua visão sobre Deus!

– Mara, entenda-me. A sua fala é muito vaga e abstrata para mim. Eu não consigo entender.

– Está bem, Jander. Não vou insistir, mas quero que saiba que, quando o problema surgir, estarei aqui à disposição.

– Vou lembrar disso. – deu um tapinha no meu ombro e se foi pela mesma calçada.

Fiquei ali parada vendo ele se afastar por aquele passeio público, sentindo-me impotente, idiota e pensando na profissão que me incumbiu de atuar numa região onde ainda não estavam alcançando o que Ele queria que escutassem.

Enfiar uma sementinha pequenina de gergelim goela abaixo, uma a uma, ao longo de minha vida, não tem sido fácil. É o mesmo que pescar em lagoa seca, estéril.

Entrei em casa aos prantos e tratei logo de ligar o rádio, ouvir música para sair daquela energia.

Decidi não falar mais com Jander sobre esse assunto.

Fomos ao casamento, que estava ótimo, e também não o encontrei mais com tanta facilidade, aliás, ninguém da família.

Seis anos depois encontrei seu irmão, Marcos, vindo do supermercado. Ele disse que Jander estava internado em Florianópolis e não andava bem.

Combinamos que ele me levaria para uma visita, mas não deu tempo.

Jander faleceu no dia seguinte, com 34 anos de idade, no início de 2009, de um tumor cerebral do tamanho de um ovo de galinha chamado clioma.

Na hora em que recebi a notícia, me perguntei por que não enfiei à força duas sementinhas de gergelim naquela goela arredia. Talvez tivessem ajudado.

É a nossa reação racional momentânea quando perdemos bestamente alguém que amamos.

Ele deixou uma esposa jovem, inteligente, bonita e um filho de quatro anos.

Alguns dias depois fui fazer uma visita à família, depois não nos vimos mais.

Três meses após a perda do invólucro físico de Jander, ele apareceu em espírito na cozinha de minha casa.

Na hora em que o "vi", gritei:

– Jander! O que está fazendo aqui tão rápido?

– Oi, Mara, vim te visitar. – sua fala era doce.

– Sei disso, mas você acabou de partir. Deixaram você vir ou fugiu? – tratei de examinar o corpo dele para ver como estava.

– Não, não... fui liberado. – ele tocou no meu braço, tentando me fazer entender sua situação correta.

– Ah, bom! – aquietei-me para ouvi-lo.

– Vim aqui pedir que você leve uma mensagem para minha mãe.

– Sim, sem problema nenhum. O que você quer que ela saiba?

– Fale para ela que estou bem! Que já fizeram algumas cirurgias na minha cabeça e estou melhor. Já não tenho mais tanta dor. Não estou curado, mas estou bem melhor, não tem comparação.

– Sim! – continue, respondi.

– Que ela saiba que sou muito agradecido pelo que ela fez por mim, Mara! Agora sei por que morri! Logo estarei de volta. – ele falou sem ênfase, mas entendi o que queria dizer.

Olhei para o seu rosto e não acreditei no que estava ouvindo, mas meu coração ficou feliz com o que ouvia.

A impressão que dava é que não era a mesma pessoa com quem conversei pouco tempo atrás.

– Você leva esse recado para mim? Diga que não se preocupe comigo, estou bem.

– Só para a sua mãe?

– É... para ela.

– Está bem. Vou providenciar.

– E para você eu queria dizer que não desista de fazer o que sempre fez: puxar para fora o despertar das pessoas. Elas precisam de alguém como você!

– Jander, estou cansada de fazer esse papel, e a cidade, ou melhor, as pessoas da cidade, na sua maioria, me consideram uma bruxa. Só porque tenho uma "visão" além da matéria?! Isso é ser alquimista! A desinformação é tanta que não sabem que ser uma bruxa é ser uma alquimista também. Mas prometo que vou pensar com carinho no que você falou.

– Mara, as poucas vezes que parei para ouvi-la é que me deram condições de estar aqui agora, conversando com você.

Ele parou e ficou me olhando. Aquilo foi fundo na minha alma. Meus olhos marejaram.

Disfarcei e fiquei quieta, pensando.

– Tenho que ir! – tocando no meu ombro, ele olhou para a rua. – Estão me esperando.

– Está bem, bom retorno. – enxuguei os olhos.

E se foi.

Fiquei ali pensando naquilo tudo e "senti" que ele reencarnaria novamente, ainda encontrando sua mãe e família.

Que bom que está bem. Mais um para a rede da LUZ no entendimento.

Como estava bem, pensei em não ir relatar a sua mãe; estava cansada daquele papel.

Não fui!

Duas semanas depois, à noite, eu sentada à mesa da cozinha, apareceu Jander, berrando. Com os braços acenando para acima, ele dizia:

– Eu pedi para você levar o recado para minha mãe! Por que você não foi? Você não está fazendo seu trabalho! E você pensa que é o quê?

Virei-me para olhar melhor e respondi, chateada da vida:

– Pare de gritar! Não sou surda, e, de mais a mais, vou dizer a você quem sou. Sou a idiota encarnada que ficou tentando durante anos falar para você e para a cidade sobre Deus, sem entrar nas religiões com dogmas, que são um buraco sem fim. Sou a idiota que escreveu a palavra de Deus pelas paredes da cidade em prosa e verso, e na assinatura só entenderam que eu era poetisa. E ainda perguntavam quanto a prefeitura estava me pagando por aquilo. Sou a idiota que precisa ver as pessoas morrerem com tumor na cabeça por serem materialistas, por não quererem fazer suas reformas íntimas e depois virem até minha casa gritando porque não estou fazendo meu papel direito. Sabe agora quem sou? E mais... nesta encarnação colocaram nessa idiota o nome de Mara Brattig, e você é o palhaço que vem me encher o saco.

Com o dedo indicador direito eu tocava o peito de Jander, empurrando-o para trás.

– Desculpa... desculpa... desculpa... – ele gritou, com as mãos na cabeça.

Sentei na cadeira e fiquei quieta.

– Por favor, eu preciso que ela receba essa mensagem.

– Está bem. Vou fazer isso hoje, agora.

Levantei da cadeira e fui para o telefone.

– Pode ir sossegado, estou informando! – olhei para ele com o telefone na mão.

Liguei para Diva contando tudo e não "vi" Jander ir embora.

Na noite seguinte fui pessoalmente à casa dela e conversamos sobre o assunto. Foi construtivo e maravilhoso.

Falamos sobre o fato de Jander precisar retornar e remover a enorme pedra da calçada de sua vida, como aprendizado de reforma espiritual.

Assim é a nossa subida para a iluminação: transpor as pedras da nossa própria calçada, que é a quebra dos EGOS.

Mensagem

Em um planeta de terceira dimensão, temos uma quantidade muito grande de seres fechados para o novo, para a espiritualidade, para Deus.

A prova disso é a destruição que observamos ao nosso redor.

Desse modo, fica muito difícil para uma amiga clarividente mostrar para um ser dessa natureza a necessidade de autotransformação.

Jander precisou permitir a morte do seu físico para entender que a Lei da Precipitação estava em suas mãos por meio da pessoa que tentava lhe mostrar o caminho da espiritualidade.

E ele, até o último momento, disse não!

Dizer não para o nosso Eu Sou é muito pobre!

O homem que fala com as pedras

Sempre fui fascinada por jardins, pomares, hortas, paisagismo e tudo que está ligado a isso: barro, areia, conchas, madeira, metais, pergolados e plantas. Adoro arte no pomar, horta e paisagismo.

Costumo ir a viveiros e floriculturas, e certo dia fiquei sabendo que determinada floricultura, pertencente a uma família japonesa, tinha um japonês que diziam ser um homem estranho. Mas que seus jardins eram considerados simplesmente maravilhosos.

Fui procurar esse homem para trocar ideias sobre os jardins. Naquela época eu estava casada e morava em Curitiba.

Depois de muito procurar, encontrei a tal floricultura e descobri que o homem estranho não falava nosso idioma e era parente dos proprietários da floricultura.

Descobri também que era a família que acertava o trabalho, depois levava e trazia o japonês jardineiro apenas para executar o serviço. E que o jardineiro não gostava de falar com ninguém, mesmo que fosse da família, o mínimo possível.

Para executar um jardim, ele tinha que ter tempo para terminar e era a seu modo que construía e determinava de que tipo de jardim a residência precisava. Essas duas exigências dele eram fixas.

Deduzi que seu trabalho acabava sendo caro, pois se limitava a residências de primeira linha. Enfim, não tive acesso ao homem estranho, saí da floricultura frustrada por não poder sequer ver a pessoa.

– Tudo bem, Mara, talvez não seja para você conhecer esse homem! Conforme-se! – dizia alto para mim mesma.

Fui embora, mas na minha cabeça não existe "Não posso". Apenas coloquei a questão de lado naquele momento, como numa prateleira de reserva.

Um ano depois fui tomar café na casa de uma amiga, num condomínio fechado, em uma tarde fria e nublada de inverno.

Minha amiga era do interior de São Paulo. Ela e seu marido, um industrial recém-instalado na cidade, sofriam muito com o clima de Curitiba.

Essa amiga, que chamarei de Ana, teve de se ausentar da sala para atender uma parenta que estava ao telefone, no escritório da casa.

Peguei minha xícara de café com leite fumegante e fui para a janela ver como estavam suas plantas.

No término da florada de minhas hortênsias de cor violeta no ano anterior, levei para Ana uma braçada de estacas preparadas para serem plantadas no grande muro que cercava seu lote de terra, em um dos limites do condomínio.

Através do vidro vi um homem de traços orientais gesticulando naquele dia feio, no meio da grama, para três pedras de porte pequeno.

Elas não eram tão pequenas assim, mas eu, como mulher, não conseguiria erguê-las.

À distância da passarela que cortava o jardim, eu poderia classificá-las como pequenas.

Magrinho, franzino e miúdo, com um chapéu surrado, de aba curta, o homem levantava as mãos para o céu, ajoelhava-se diante das pedras, era mesmo muito diferente.

Em certo momento, jogou o chapéu para trás, e este não caiu no chão, por estar preso em seu pescoço por um barbante. Jogou-se de joelhos, enlaçou com os braços uma das pedras, colocou-a no colo e a acariciou como a uma criança.

Parei de tomar o café com leite, me aproximei mais da janela e direcionei melhor minha atenção para o que estava acontecendo lá fora.

Em determinado momento ele foi até um canto do jardim, no qual minha visão era interrompida pela parede de uma das casas. De lá ele trazia algumas mudas de plantas com terra, abraçava-as e chorava.

Logo em seguida, foi correndo até uma das pedras, levantou-a e recolocou-a no chão. Pegou as outras duas e fez a mesma coisa.

Nesse instante, "vi" um campo de energia em alegria sendo conectado com o japonês e as pedras, e ele passou a rir gostosamente. Unia as mãos como que em agradecimento por ter achado o lugar exato em que elas queriam ou deveriam estar, e dava gargalhadas.

Afastava-se e as olhava de longe, com ar satisfeito.

"Vi" uma ligação de energia claríssima entre as três pedras e o japonês jardineiro.

– Ele as ouve. Tenho certeza disso. – falei alto.

Tive vontade de ir lá fora conversar com ele, mas me contive. Não podia inibir o profissional.

Entendi que ele conversava com tudo no jardim (com a natureza), mas a conexão com as pedras era fantástica.

Nesse momento chegou Ana.

– O que você está olhando de tão interessante que o café está esfriando na xícara?!

– Aquele homem no seu jardim. – respondi.

– Ah, o homem estranho?

– Estranho? Como estranho?

– Ele é jardineiro. Dizem que fala com as pedras.

– Fala com as pedras? Como você sabe?

– É um cara meio maluco. Outros vizinhos já o contrataram e ficaram observando. Ele pega as pedras no colo e fica ninando, chora. Fica um tempão sentado no chão olhando para o nada.

– Não foi muito diferente do que presenciei, mas ele fala mesmo com a natureza, e a conexão com as pedras é linda. – retruquei.

– É mesmo? Você o viu falar com elas? Então o cara é mais maluco do que eu pensava.

– Por que esse preconceito, Ana? Você é uma mulher esclarecida! Ele é um sensitivo! Um maravilhoso sensitivo.

– Desculpe, não quis ofender, você também "vê" umas coisas estranhas...

– Como você o contratou? De onde o conhece?

— Os vizinhos me indicaram. Dizem que o trabalho dele é maravilhoso e é mesmo.

— E a floricultura, o que diz a respeito dele?

— Nada. Não falaram nada. Só é um serviço bem caro e que não tem hora para terminar. Quando ele está aí, não vou lá fora.

— Ana, você tem medo?

— Ah, não sei o que se pode esperar de um cara meio maluco. Não sei, não entendo.

Ana foi se esquivando da conversa, e eu deixei. Sua mãe estava próxima, ouvindo nossa conversa.

— Vamos tomar café. Vem Mara...Vem mãe... A mesa está posta. — ela se dirigiu à mesa em passadas rápidas, para fugir do assunto.

Entendi que o homem estranho era o que um dia fui procurar. Era um sensitivo de mão cheia, e fazia nos jardins a cura através da harmonia. Provavelmente foi a forma que encontrou para dar às pessoas que viviam naquelas casas o que precisavam.

Quantos profissionais que conhecemos ao longo da vida usam o canal do "EU SOU" para curar seus clientes?

Pois encontrei um deles transformando um jardim em energia Divina, porque é esse o efeito da harmonia. O equilíbrio curando as pessoas e animais que vão desfrutar de um jardim como aquele. Ainda temos pessoas de espírito primário da vida que classificam seres como ele de maluco.

Achei lindíssimo tê-lo conhecido através do vidro de uma janela numa tarde fria de inverno.

Encontrei alguém parecido comigo.

Tenho certeza de que pessoas despreparadas como minha amiga, quando lerem os casos que relatei neste livro, também me qualificarão como maluca.

Mas fico com aqueles que se identificam com o que conto, e os que querem aprender. Os outros despertarão nas próximas encarnações, e serão os que também se identificarão com o jardineiro. É apenas uma questão de tempo.

Mensagem

As formas que a espiritualidade usa para se expressar são inúmeras e por vezes surpreendentes! A única lástima é que levamos muito tempo para perceber que ser diferente não significa ser maluco. Pode ser estranho, com pouco nexo para "a lógica da maioria".

Quantos dos que chamamos de excelentes profissionais são na verdade seres que viveram muitas vidas atuando naquela área, e que não se dão conta, nesta vida, de toda a trajetória de conhecimento unido à espiritualidade?

Espera-se do leitor deste livro uma postura de cabeça aberta, e não um olhar para o diferente da mesma forma como as pessoas olhavam para o maravilhoso jardineiro deste caso.

Lembre-se da história da água, que toma diferentes formas cristalizadas de acordo com os pensamentos emitidos. Hoje em dia, essas formas foram fotografadas e expostas no mundo inteiro. Deus é Científico!

Na bela e sofrida Jamaica

Aos dezessete anos meu filho participou de um intercâmbio cultural nos Estados Unidos e conheceu uma maravilhosa família. Temos certeza absoluta de que foi um encontro de vidas passadas.

Essa família tem uma única filha, a irmã americana do meu filho, chamada Kate.

Os laços amorosos entre nós se estreitaram de maneira tão forte, sem muito esforço, que sinto a filha deles como sendo minha filha e vice-versa.

Essa brincadeira divina resultou no fato de eles virem para nossa casa, conhecer o Brasil, e meu filho retornar diversas vezes à casa deles. Foram até para a Nova Zelândia juntos.

Em 2007 a irmã americana do meu filho resolveu se casar lá nos Estados Unidos com um amigo de infância. O casamento religioso foi celebrado na Jamaica, no dia 7 de novembro de 2008.

Fomos convidados!

A Jamaica é uma ilha localizada perto de Cuba, de frente para os Estados Unidos e a América Latina. Esse país já foi uma colônia inglesa. O melhor café do mundo, nos tempos áureos, era produzido ali. 90% da população é da raça negra, e um mar verde-jade serpenteia majestosamente aquele pedaço de chão.

A viagem até lá foi exaustiva, mas o resultado foi compensador.

O grupo do casamento foi instalado no Resort Ocho Rios Hotel. Quando chegamos já anoitecia.

Os amigos americanos nos aguardavam para jantar com outro grupo. As apresentações foram encantadoras.

Logo nos recolhemos e me coloquei na varanda do apartamento do quarto andar, de frente para o mar, olhando aquela água verde eletrizante.

Meus olhos lacrimejavam sem meu corpo sentir. O choro repentino era tanto que tive de entrar e pegar uma toalha.

Quando entrei, simplesmente parei de lacrimejar.

Fiz o teste de retornar à varanda e comprovei que novamente lacrimejava.

Era estranho! Meu aparelho visual físico não funcionava dentro do conjunto do corpo quando olhava para aquele mar.

Percebi com clareza que havia algo entre mim e aquela imensidão de água.

Outras coisas bonitas havia naquele *resort*, como a piscina iluminada com lindos coqueiros. Impressionava qualquer um, principalmente quem entende um pouco de paisagismo como eu.

Mas não foi isso que me tocou; foi o mar, e eu sabia que tinha bastante tempo para descobrir o que era.

Meu filho já dormia, e resolvi deitar também. Ao puxar a colcha da cama sobre mim, "vi" Saint Germain ao lado da porta da varanda me olhando.

– Meu amigo! Vamos conversar do outro lado, porque meu corpo está muito cansado da viagem.

Falei em voz alta e adormeci imediatamente.

No outro dia acordei cedo e "senti" que tinha recém-chegado ao corpo, mas não lembrava aonde tinha ido, pelo menos naquele instante.

Estava completamente descansada, após ter feito uma longa e cansativa viagem como aquela.

Senti fome, muita fome.

Olhei para meu filho, que dormia profundamente e não estava no corpo.

Onde estará? – pensei – Já é dia claro.

Olhei no relógio: sete horas. Fui ao banheiro.

Voltei para a cama, recostei na cabeceira, esperando meu filho acordar, ou melhor, primeiro retornar ao seu corpo.

Não se passaram dois minutos e lá vinha ele pela varanda. Entrou na suíte e se ajeitou no corpo, dizendo:

– Oi, mãe, bom... dia. – espreguiçou-se.

– Bom dia, meu filho. – dificilmente pergunto por onde ele andou, porque sei que quase nunca se lembra.

Ele sentou na cama.

– Vamos tomar café?

– Vamos. – respondi.

E lá fomos, eu sempre atrás, porque gosto de olhar todos os detalhes por onde ando, e ele andando rápido na frente.

– Espera! – saí correndo para alcançá-lo.

– Rápido, mulher! – ele ria.

Fiquei encantada com o café da manhã; parecia um almoço.

O grupo americano, descansado, conversava entre muitas gargalhadas.

Depois do café foram todos para a praia, menos eu, que preferi conhecer o gracioso hotel com seus jardins, identificar plantas diferentes que não temos no Brasil, vivenciar o momento.

Meus olhos sempre percorrendo o mar, aquele jade penetrante.

Fiz meditação num cantinho com muitas plantas, agradecendo àquele lugar por estar me recebendo.

Retornei ao apartamento e me sentei na varanda. A sensação foi de bem-estar, mas meu corpo continuava se desenergizando.

Tomei um banho, coloquei uma roupa leve; minha respiração estava ofegante.

Deitei e logo se aproximou um "SER" espiritual de imensa LUZ que me ofereceu uma taça de metal. Sentei na cama e peguei-a.

Fiquei segurando a taça até que ele fez sinal para eu beber.

Aproximei-a de meus olhos e o líquido começou a se transformar num verde-jade brilhante como o mar. Era tão brilhante que não consegui mais ver a taça.

– Pelas barbas de São Tomé! Isso é lindo e estou vivendo conscientemente. – falei em voz alta.

Dei-me conta de que aquilo deveria ser importante para mim, e tratei de tomar logo. Talvez um remédio curativo.

Não tinha gosto de nada e aos poucos foi perdendo a cor verde-jade, mas meu bigode, quero dizer, meu buço ainda estava brilhante, por eu ser gulosa e querer beber rápido. Mesmo porque quando bebe algo do astral, estando encarnado, você não sabe exatamente o quanto bebeu, precisa ficar observando. É muito tênue o limite entre um e outro. Vez ou outra, não sei se estou lá ou cá.

O "SER" pegou a taça e foi embora sem dizer nada. Tinha a atitude de um serviçal.

Não senti nada, e logo em seguida chegou meu filho, convidando para o almoço.

– Vim buscá-la para almoçar. Vamos? O pessoal já está indo.

– Então vamos.

E lá fomos nós.

Almoçamos e nos dirigimos para a praia com parte do grupo.

Lá chegando, percebi que a praia era relativamente grande e convidei Ailin para explorá-la.

Ailin é uma grande amiga da mãe americana do meu filho, minha amiga de vidas passadas.

Meu inglês não é bom, mas com mímica nos entendemos muito bem.

No caminho fui percebendo que depois do hotel havia grandes casas particulares, e o muro de arrimo para o mar era feito de pedras de corais, grandes, médias e pequenas.

Observei também que havia deques de ferro grosso com uma massa que parecia óleo de baleia.

Eram deques antigos, e "vi" de relance alguns pares de pés negros enrugados, de homens do mar que trabalhavam forçadamente.

"Vi" também que as embarcações eram pequenas e muito rústicas.

Saí da frequência rápido. Estava de férias; no meu país também há muita tristeza e coisas ruins que fizeram com os negros. Não gosto disso!

Continuei andando. Ailin catava sementes e pedaços de conchas sem perceber nada. Que bom, pensei, não é legal ver a subida das pessoas na caminhada espiritual. A maioria opta pela dor. Até eu já fiz essa opção algumas vezes.

– Estou fora! – falei em voz alta.

Ailin, sem saber do que se tratava, respondeu:

– Yes?

– Oh! Ailin, I'm sorry! – respondi.

– Good! – ela concluiu.

Continuamos andando naquela areia branca e água transparente até terminar a praia, onde havia outro deque com mesa e bancos. Era tudo de cimento, e muito antigo.

Pertencia à residência em frente, e o caseiro estava olhando o mar com atenção, provavelmente para pescar.

Foi cordial conosco.

Avistei do outro lado uma enseada de pequenas pedras parecendo uma manta no chão, e tive curiosidade de andar naquelas pedrinhas.

Volta e meia viam-se ilhas de areia bem grossa cheia de conchas quebradas.

Adoro pedras. Vivo catando-as e explorando suas formas e reentrâncias.

Tirei meu chinelo de borracha e rapidamente andei até lá. Ailin me viu e veio ao meu encontro.

Tive vontade de me agachar como os pescadores e o fiz. Queria olhar aquela semibaía com a água mansa batendo lentamente ao entrar por entre as pequenas pedras.

De repente "senti forte" uma energia subir pelas minhas pernas e rápido atingir meu coração.

Era um sentimento de desespero! Um profundo sentimento de desespero! Imediatamente comecei a chorar de soluçar.

Tive ímpetos de levantar, mas fiquei tonta, não tive forças para me desgarrar daquela energia pesada.

Com medo de cair naquelas pedras e me machucar, levei o braço esquerdo à cabeça, segurando a sandália cheia de areia, e pedi ajuda para os socorristas espirituais do mar ou daquela região.

Eu não conseguia raciocinar. A dor no peito era tanta que não respirava direito. O ar não vinha. Eu tinha que puxá-lo com força.

Larguei o chinelo, as pedrinhas e tentei procurar algo onde pudesse me encostar. Precisava sair daquela tortura, daquela dor.

A energia puxava para baixo meus joelhos flexionados. Eu não tinha força na pernas para desflexioná-los e levantar o corpo.

Respirei fundo e tentei olhar ao redor novamente. Vi Ailin me vendo chorar. Elegante, ela disfarçava o que estava presenciando de uma pessoa desconhecida, ainda mais tendo o idioma como barreira.

Ela não veio ao meu encontro tentar me levantar ou perguntar o que estava acontecendo. É lógico que teve medo.

Naquele momento senti algo gelado na perna. Direcionei minha visão física e vi Peppe me cheirando com seu focinho molhado e gelado.

Peppe era um cachorro vira-lata pertencente ao caseiro que encontramos anteriormente.

Entendi que Peppe me fazia companhia naquele momento difícil. Era uma extensão da espiritualidade para informar:

– Fique calma, estamos por perto!

Olhei nos olhos de Peppe e "vi" a meiguice e o AMOR do reino animal a me acalentar naquela hora.

Fiquei mais confortada e emiti do meu chakra cardíaco um profundo sentimento de AMOR e gratidão para com aquele companheiro.

Ele levemente fechou e abriu os olhos, entendendo tudo.

Deu uma sacudida nos pelos molhados da água do mar e ficou circulando perto de mim.

Consegui desflexionar meus joelhos e arrastei-me para um tronco de madeira que estava por perto.

Sentei! Tonta, mas sentei.

Foi só nesse momento que diminuiu o sentimento desarmonioso de desespero.

Em desabafo, falei um palavrão que não posso escrever aqui.

Fiquei um tempão sem pensar (técnica chamada meditação contemplativa), apenas observando o lugar onde tinha caído e o que acontecia ali.

Lembrei do meu falecido pai, que sempre repetia: "quem vai para o mar se prepara em terra".

Ele queria dizer que, quando vamos a um lugar desconhecido, devemos ter prudência.

E o que fiz? Achei linda aquela enseada de pedras e corri até lá para me refestelar.

Deixei-me atrair pelo externo.

Deveria primeiro "perceber" do que se tratava para depois entrar.

"É melhor prevenir do que remediar", ditado antigo e bastante certo.

Como não me preveni, depois da experiência dolorida fui remediar, "ver" realmente do que se tratava.

Todas aquelas pequenas pedras eram naquela enseada uma concentração de corais, que tinham sido tiradas do mar e se sentiam desesperados porque queriam voltar para a água, para o seu lar.

Toda aquela enseada tinha uma vibração ruim numa altura de mais ou menos um metro.

Ela era dividida em três camadas: a que estava mais perto das pedras era a mais forte; a intermediária, um pouco mais fraca; e a última, a mais leve.

Mudei de posição; fui sentar em uma moita de grama, num nível mais alto de terra.

Daquela moita de grama coreana misturada com areia de praia grossa, pude "ver" os bracinhos com mãozinhas erguidas para o alto pedindo ajuda, implorando que as levassem para o mar.

Fiquei emocionada e comecei a chorar, mas agora entendo conscientemente o sentimento de desarmonia que pairava naquele local, criado pelo homem.

Quando tirei meus chinelos e fui até o miolo daquela enseada, agachando-me, estava de corpo inteiro submersa naquela desarmonia, e jamais imaginei que um lugar tão lindo tivesse uma energia tão ruim.

Entendi o porquê do golpe de dor no meu chakra cardíaco.

Uma pessoa que não tem a sensibilidade que tenho, se viver num ambiente desses, fica doente e pode até morrer.

Fiquei pensando nas empresas que lidam direta e indiretamente com o reino mineral.

Elas têm consciência do que fazem?

Depois de recomposta na dor e nos pensamentos, levantei-me e fui até Ailin explicar o que tinha acontecido, no meu inglês fajuto.

Ela demonstrou ter entendido e olhava para mim com seus olhinhos pequenos e claros, cheios de AMOR e compreensão.

Senti alguns pingos de água na cabeça; era a chuva se aproximando. Convidei minha amiga para ir embora.

Não retornei por onde vim. Dei uma enorme volta rodeando aquela enseada, passando ao lado do muro de arrimo.

Foi ali que percebi que todos os muros daquela área haviam sido feitos de corais, um mais lindo que o outro, formando desenhos maravilhosos.

Peppe me acompanhou o tempo todo, e, quando chegamos à areia da praia, ele se distanciou, indo embora em direção a sua casa.

Chamei-o, mas ele não atendeu.

Lá de cima, parou e sentou nas patas traseiras. Ficou observando até nos distanciarmos o bastante ao ponto de não vê-lo mais.

Que cão vira-lata de alma nobre encontrei na Jamaica!

Viverá para sempre na minha lembrança de AMOR.

Ao chegarmos às espreguiçadeiras do hotel, meu filho ainda estava na areia da praia, tomando sol com os amigos. Pedi-lhe que traduzisse para Ailin o que havia acontecido na enseada.

Ela afirmou que na minha tradução já havia entendido, e ficou feliz por ter passado aquela experiência comigo.

Fomos todos para os apartamentos tomar banho e nos aprontar para o jantar. Já estávamos com fome.

Eu estava leve, mas quieta. Ainda não tinha digerido o acontecimento por completo. Sabia o tempo todo que não tinha ido para a Jamaica somente para um casamento. Naquilo tudo havia um pano de fundo que eu não conseguia "ver".

Meu filho foi jantar antes de mim. Fui dar mais uma olhada no mar pela sacada, e novamente aquele choro inesperado.

Entrei no apartamento, sentei na cama e fiquei quieta. De repente o mesmo "SER" da noite anterior trouxe outra taça para eu beber.

Dessa vez o líquido não ficou brilhante, mas continuava sem gosto algum. Tomei, entreguei a taça e disse que não podia ficar por mais tempo, pois estavam me esperando para o jantar.

Peguei o elevador e fui.

Fiquei curiosa por saber que tanto suco eu tinha que beber. Será que estou tão ruim assim? Mas logo coloquei esses pensamentos de lado e lá fui, faceira e cheirosa, para o jantar.

Gostaram do meu vestido e esqueci tudo o que vivenciara naquele dia.

Fomos ao *show* do hotel e viemos tarde para o apartamento.

Tomei banho, coloquei o pijama e, sem sono, dei início à leitura de um livro que levei, *Mistérios desvelados*, v. 1. São ensinamentos do mestre Saint Germain, da Editora Ponte para a Liberdade, sediada em Porto Alegre.

Saint Germain entrou no quarto e disse:

– Preciso que você durma. Temos que sair.

Obedeci imediatamente. Fechei o livro, apaguei a luz, fiquei quieta e o sono veio.

Logo em seguida me "vi" sair do corpo.

No outro dia cedo, cheguei ao corpo tendo ainda a presença DELE, mas não lembrando de nada.

Naquele dia, com a ajuda da tradução do meu filho, atendi dois pacientes do grupo, e um deles foi a mãe americana dele, minha amiga e irmã de alma, Cindy.

Saint Germain apareceu para atendê-la juntamente com Asthenium (um ser com aparência intergaláctica). Perguntei aonde tínhamos ido na noite anterior, mas ele não me respondeu.

Depois de atendê-la, meu filho saiu junto com ela para buscar sua camisa para a cerimônia do casamento.

Fiquei sozinha, recostada na cabeceira da cama, refletindo sobre os ensinamentos da viagem para a Jamaica.

"Vi" lá de cima uma movimentação dentro da água do mar, na faixa anterior aos corais, bem na frente do hotel, que não tinha identificação clara.

À noite, depois do jantar, voltei para o apartamento, li um pouco e logo dormi.

No outro dia acordei muito cedo, antes das cinco da manhã.

"Vi" diversos espíritos humanos (que eram encarnados) voltando sonolentos, em fila indiana, para seus aposentos.

Não estavam acompanhados por nenhum líder, e algumas vezes estavam em grupos de dois ou três.

O hotel era formado por três blocos de aproximadamente 900 apartamentos cada.

O principal tinha formato retangular, com a suíte presidencial nos dois últimos andares.

Os outros blocos tinham formato de meia-lua, voltados para a orla. Estava quase no meio de um deles, e da minha cama "assistia" a tudo.

Pareciam abelhinhas retornando para suas colmeias.

A impaciência levou meu corpo físico correndo até a sacada para "ver" de onde vinham.

– Oh, meus Deus, que lindo! – falei em voz alta. – Estão vindo de dentro do mar, de dentro da água. O que será que tem lá? – pensei imediatamente.

Fiquei observando a maravilhosa cena daqueles espíritos entrando em seus aposentos pela sacada.

Eram muitos.

Tenho de "ver" o que fazem à noite aqueles espíritos dentro da água, pensei.

As últimas luzes do jardim se apagaram, dando lugar ao clarão do sol.

Eu não conseguia tirar meus olhos físicos e o de Hórus daquele mar.

Um sentimento de profunda paz invadia toda a região.

Eu sabia que o mundo espiritual estava atuando naquelas pessoas. Provavelmente ali estava instalado um hospital espiritual para atender àqueles visitantes.

Tinha certeza de que Saint Germain já tinha me levado ali, mas por algum motivo fui impedida de lembrar.

A certeza de que não tinha vindo somente para um casamento aumentava cada vez mais.

O dia transcorreu normalmente. Lá pelas tantas resolvi voltar para o apartamento e recebi novamente uma taça com suco.

Naquela noite não quis ficar com os amigos até mais tarde. Recolhi-me para refletir sobre o assunto e observar o que realmente estava acontecendo.

Não muito tarde da noite, "percebi" que o fluxo dos espíritos começara. Era o inverso: das sacadas para o mar.

"Vi" minha amiga Cindy do outro lado da meia-lua do prédio, olhando para mim e acenando com os quatro dedos da mão direita, num convite para acompanhá-la.

Acordei. Tinha adormecido e continuei "vendo" o seu convite. Saí do corpo e fui.

Encontrei-a na altura do terceiro andar, bem no meio da piscina principal.

Quando cheguei perto dela, perguntei:

– Aonde vamos?

Com o braço direito estendido para tocar meu ombro, ela respondeu:

– Fazer um passeio de que você vai gostar. Vamos curar sua perna.

Sorrindo, ela falava um português perfeito.

Olhei para ela, sorrindo também, e pensei: Minha nossa, como pode? Ela não fala uma palavra em português e o meu inglês é muito fraco!

Fiquei encantada ao ouvir o som de sua voz em português. Era sonoro.

– Acompanhe-me. – ela fez sinal para que eu fosse atrás dela, e já fomos descendo dentro da água do mar. Eu diria que mais ou menos 1,5 m de profundidade.

Descemos depois da água, areia adentro, numa escada estreita, com uns dez degraus em linha reta.

O engraçado é que, à medida que você entra na água e ela vai subindo em seu rosto, não sente quase nada. Não dá sensação de afogamento. É meio geladinho e só!

Dá para respirar dentro da água assim como aqui fora.

É muito legal! É óbvio que, moleca como sou, fui puxando o ar dentro da água para ter a sensação.

Entramos num corredor que também não era muito largo e, novamente, outra escada menor nos conduzia para a direita.

Aonde será que ela está me levando? Será que tem noção de onde está indo? – pensei, olhando por tudo.

E Cindy continuava descendo, até que pisamos em terra firme. Era a entrada para um jardim que não era aquático.

Nesse último degrau, o pilar à direita, onde ela se segurou, era quadrado, e "ouvi" barulho de água correndo, como nas lajes de construção quando está chovendo.

Olhei para cima e de fato estávamos embaixo de uma laje de cimento. Notei que em cima estava a areia do fundo do mar.

Havia também algumas pedras naquele fundo.

Deu para "ver" o movimento que o fundo do mar fazia, e que levantava um pouco daquela areia.

Andamos um pouco mais pela direita, eu sempre atrás de Cindy, e "vi" um saguão sustentado por grandes pedestais em meia-lua com ornamentos em arabescos.

Parei para olhar o teto. Era transparente, parecia vidro, e deixava ver o fundo do mar.

Passavam peixinhos, e de dentro desse pergolado eu "via" a ponta do *resort* em terra.

A vista do fundo do mar para a terra é simplesmente magnífica.

Ouvi barulho de água correndo, e minha atenção se voltou para localizar de onde vinha.

Percebi que de um dos pilotis da entrada escorria um pouco de água. Imaginei na hora que o mestre de obras teve problemas com vedação.

Contive meus pensamentos da vivência em terra e fui conhecer sem críticas o novo lugar.

Cindy tinha atravessado o saguão, e estava conversando com alguém ao seu lado; veio ao meu encontro e me chamou com os dedos para me apressar.

Procurei andar rápido até ela, e "vi" pelo meu lado esquerdo um lindo jardim com plantas, grama e flores.

Era tudo muito rápido; não dava para "ver" os detalhes como gosto. Chegando perto de Cindy, entendi que devia sentar num banquinho, que parecia de madeira e não tinha apoio para os braços.

Sentei, juntei os pés no apoio abaixo e descansei as mãos nos joelhos.

Olhei para a frente e só nesse momento "vi" o SER que ali estava. Arregalei os olhos, porque o reconheci.

– Este é meu amigo. – Cindy o apresentou pondo sua mão meiga em meu ombro.

– Muito prazer em revê-lo. – respondi.

No mesmo momento ele começou a vibrar umas asas na lateral de seu corpo, parecendo nadadeiras de lula.

Eram enormes!

Eu já tinha conhecido alguns SERES dessa civilização aquática quando atendi uma amiga terapeuta em São Paulo.

Lembrei que levaram muito tempo para ancorar a energia no consultório para atender aquela paciente, por ser uma energia superleve e delicada.

Ele foi tirando da minha perna direita, mais especificamente da bacia e da cabeça do fêmur, pedaços laminados de ferro enferrujado. Parecia coisa muito antiga.

Entendi que estava passando por uma cura no quadril.

Sabia que numa vida passada, na Grécia, como moça jovem, sofri um dilaceramento nessa região do corpo, causado por mordidas de bicho, e que em função disso fiquei aleijada.

Caminhando com minhas amigas na Avenida Atlântica, em Balneário Camboriú, nesta vida, em 2007, pisei em falso e a dor da vida passada, causada pela mordida do bicho, deflagrou.

Passei a vivenciar insuportavelmente a mesma dor, nada conseguindo acalmá-la ou aliviá-la.

Ganhei o presente de ser levada até esses SERES maravilhosos para ser curada.

Saí da Jamaica sem dor, e o retorno da viagem foi bem melhor.

Entendi a função daquele hotel, naquele país.

Aparentemente, a maioria dos americanos vai à Jamaica para descansar, mal sabendo que também estão sendo direcionados para curar a alma.

Imagino que sejam sentimentos não virtuosos de diversas vertentes, como os que eu carregava.

Perguntei a Cindy se se lembrava do que fez e de onde estivemos.

– Infelizmente não. – ela respondeu.

Relatei tudo a ela, com carinho e alegria.

Quantas pessoas vão para a Jamaica se curar e não têm lembrança do que passam?

Fiquei imaginando o que a irmã americana do meu filho pensou quando resolveu celebrar seu casamento religioso naquela ilha, proporcionando a cura aos amigos que aceitaram o convite.

Bem, quando terminou a vibração das nadadeiras daquele SER em meu corpo, senti minha entrega de alma, sendo beijada na cabeça por ele.

Ativei o sentimento de gratidão e "ouvi":

– Pronto!

Levantei do banquinho. Já havia outro na fila, esperando para sentar e ser atendido.

Eles estavam trabalhando pelos humanos.

Cindy foi andando na minha frente e eu a segui.

Retornei em silêncio e não tive mais curiosidade em relação àquele ambiente.

O entendimento da grandeza da atitude daqueles SERES para com uma nação me fez sentir pequena, muito pequena.

Fizemos o retorno até chegar novamente à altura de nossos apartamentos. Nos entreolhamos e entramos, ela para a direita, em seu apartamento, e eu para a esquerda, no meu.

Cindy, como sempre, com um olhar meigo.

Agora eu sabia por que havia ido para a Jamaica!

O casamento foi apenas um lindo pretexto.

Após retornar ao Brasil, voltei em espírito consciente diversas vezes ao mesmo lugar, reencontrando o mesmo SER.

É sempre gratificante e maravilhoso!

Mensagem

O caso Jamaica aborda duas situações. A primeira, um sentimento negativo pela intervenção do ser humano sobre as pedras. A segunda, os seres do fundo do mar.

Podemos observar a falta de respeito do ser humano ao deslocar aquelas pedras, que eram corais, colocando-as em condição inadequada. Acabei por vivenciar o sentimento não virtuoso dos corais, que era de sofrimento, e fui envolvida por isso.

Foi uma experiência que nunca mais esquecerei.

Foi a oportunidade de ter, também, um maravilhoso reencontro com os seres aquáticos, que curaram a cabeça do meu fêmur de um sentimento não virtuoso.

Mais uma vez o amor incondicional dos seres que olham afetuosamente para os nossos problemas.

Ao ser curados por eles, temos certeza absoluta de que somos profundamente amados.

Saulo descobre o sexo com amor

Fui procurada em São Paulo, na clínica onde trabalhei, por um homem que veio por indicação de uma paciente muito simpática e querida.

Saulo era um empresário falido e trabalhava em uma empresa. Boa pinta, cerca de 1,98 m de altura, características acentuadas de italiano.

Em seus olhos fundos e escuros, mal se percebia quando olhava para o chão ou quando estava com eles fechados em meditação.

Sua tez levemente escurecida dava ao conjunto uma estampa de homem bonito.

Saulo estava casado havia sete anos. O casamento estava mais uma vez em crise, porque ele não sentia prazer na penetração com mulher nenhuma. Não era homossexual; amava profundamente a esposa, mas só conseguia obter prazer sexual na automasturbação.

Esse era um dos entraves nesta sua vida como homem.

Sua esposa, uma bela morena, cobrava o papel de Saulo como marido, uma vez que, na sua cabeça de jovem com discernimento, não havia possibilidade de um relacionamento puramente sexual, fora do casamento, para satisfazer suas necessidades orgânicas. Também não admitia se relacionar com o marido como irmão.

Posso dizer ao leitor, como terapeuta, que esse caso foi muito interessante. A jovem esposa soube enfrentar o problema sem acompanhamento profissional, tendo todo o jogo de cintura do mundo para lidar com aquele ser pré-humano.

Evidentemente a esposa era portadora de um espírito estruturado (mais adiante o leitor vai entender por quê, e como a espiritualidade maior age de modo inteligente).

Um espírito sem discernimento entra com muita facilidade no sofrimento e no desespero.

O que apresento sobre a condição sexual de Saulo é o que a esposa relatou e o que "vi" inicialmente dele.

Ele teve três motivos para vir até mim e permanecer no tratamento:

1º) "Sentiu" em nossa primeira conversa que viria através de mim a solução de seus problemas.

Só para esclarecer ao leitor: Saulo vem de uma caminhada espiritual de longa data, nesta vida, junto à mãe, em ritos umbandistas. Atualmente não atuam mais; ele nunca incorporou, mas acompanhava a mãe, que era médium de incorporação, na organização de atendimentos e rituais. Era também cambona.

2º) O entrave na carreira profissional o incomodava. Sempre que estava na iminência de ser promovido, acontecia algo e um colega era indicado para a vaga.

Sabia que era de cunho espiritual o seu problema, mas não conseguia resolvê-lo.

3º) Em nosso primeiro encontro (ou sessão), ele não relatou a questão sexual, para testar minha eficiência e por outros motivos que eu diria serem vergonha, medo, constrangimento, machismo.

A maioria das pessoas excessivamente racionais usa essa tática!

Aliás, diga-se de passagem, a maioria dos pacientes, principalmente os homens, não relata na primeira sessão a causa verdadeira que os incomoda, isso quando consegue detectá-la.

Saulo não fugiu à regra.

A principal causa de o paciente não ter condições de fazer uma boa autoavaliação e de observar o que o incomoda é se espelhar unicamente no externo.

Ele custa a deduzir que o externo é o reflexo do seu interno, e, quando chega a essa conclusão, não sabe como modificá-la e fica perdido.

O externo da vida ou o que nos rodeia é o termômetro que reflete e mostra como anda nosso interno.

Quando o externo está ruim, é porque o interno já está podre, ou então precisa de sérios reparos.

Penso que essas pessoas têm tanta dificuldade em fazer uma autoanálise correta, o que passa de geração em geração no Ocidente, por causa da precária cultura das religiões dogmáticas, que não enaltecem o SER espiritual que somos.

A maioria das religiões dogmáticas prega que a ajuda vem somente de fora, e que a empresa religiosa dogmática é a única intermediadora entre o homem e Deus.

É uma mentira!

Por conta disso, os pais acabam passando para os filhos, inconscientemente, a baixa estima e a submissão total a essas religiões.

Fica difícil remover velhos e profundos paradigmas de vidas passadas em espíritos antigos ou jovens.

Esse SER não consegue trilhar rapidamente o verdadeiro caminho da LUZ para chegar até Deus, ou seja, encarnar em planetas de dimensões mais elevadas.

Ele fica patinando de encarnação em encarnação, em planetas de dimensões baixas, atrasando sua caminhada para a iluminação.

Quando Jesus disse: "EU SOU o Caminho, a Verdade e a Vida", deu a entender nitidamente que podemos ir até Ele ou mais sem intermediários, quebrando nossos EGOS, que estão gravados no inconsciente.

Mas como?

Parando de pensar! Meditando, o que leva a pessoa a expressar o seu "EU SOU". Saindo do sistema de Cronos e indo para o sistema de Kairos (a iluminação) através da meditação.

O livro *Como lidar com emoções destrutivas para viver em paz com você e os outros*, escrito pelo Dalai Lama e por Daniel Goleman, fala sobre os EGOS.

Temos de apreender a administrar o Ego para não ficar nas mãos alheias, disfarçadas de cordeiros.

O Ocidente só chegará a um bom resultado na Abundância do Universo quando tiver incluído em seus hábitos a meditação, que corresponde a sair da ilusão.

Tive um bom período na minha profissão em que a assessoria espiritual de praxe estava acompanhada por uma equipe chamada Senhores do Carma, que inúmeras vezes mostravam nos contatos o que o paciente trazia do passado, o montante de vidas repetidas inutilmente por terem registrado como CRENÇAS ou EGOS essa mesma intermediação religiosa dogmática cíclica, que não é da LUZ.

Quando nossa visão se volta para o poder público e para a iniciativa privada, dá para entender a dificuldade em emergir para a ABUNDÂNCIA DO UNIVERSO.

Toda essa estrutura de registro individual limitada no inconsciente, quando transferida para uma visão coletiva (pública e privada), estende-se aos habitantes da rua em que moramos, do condomínio, do bairro, da cidade, do estado, do país, do planeta (é a lei da atração atuando).

Podemos entender quem elege os dirigentes do município, do estado, do país. São em sua maioria pessoas do sistema de CRONOS.

Os poderes públicos e privados deveriam estar inseridos no sistema de Kairos, fora do alcance dos pré-humanos (ou seja, deveriam primeiro ser preparados para depois ocupar cargos de responsabilidade coletiva).

O que é um pré-humano?

É a evolução do espírito através dos níveis mineral, vegetal e animal.

Nessas passagens o Espírito registra os conhecimentos que adquiriu.

Quando chega ao nível hominal, vestindo a roupagem do invólucro orgânico, atinge a condição de homem racional (pré-humano), mas ainda está aquém do homem sábio.

O homem é sábio quando expressa o EU SOU.

Expressar o EU SOU é ativar todos os nossos sentidos, ou seja, ser vidente, altamente auditivo, ter o paladar apurado, o olfato também, alta sensibilidade tátil e intuitiva.

Tudo isso em alto percentual (só 10 ou 20% não adianta).

É sair do hemisfério racional, que é a dualidade, e ir para o hemisfério direito, que é o cognitivo.

É sair da visão somente material e ser a energia da ABUNDÂNCIA DO UNIVERSO no corpo físico em ação, ou seja, ser consciente.

É ser Deus em ação no próprio corpo físico.

Iniciamos a sessão com Saulo e de repente entrou um personagem espiritual na sala com total arrogância, batendo a porta e desconsiderando a equipe de cura.

Achei muito estranho, pois em tantos anos de profissão nunca uma invasão dessa natureza havia acontecido.

O espírito soberbo, vestido a rigor, era um bispo da Igreja Católica do tempo da Inquisição.

Foi até o paciente e destravou dos tornozelos e dos pulsos coleiras de aço.

Aparecia junto ao bispo uma janela onde documentos eram assinados por uma turma da mesma má intenção.

"Senti" que estavam tomando providências para desfazer algo em que estavam envolvidos.

O bispo olhou novamente para os pulsos e tornozelos do paciente e elas ainda estavam lá.

Ele retornou e as destravou novamente, mas sua atitude não tinha efeito. Elas nasciam novamente no mesmo lugar.

Na hora entendi que ele não tinha poder de cura, e percebi também que estava nervoso e agitado.

Fiquei quieta e atenta, sentada em minha pequena poltrona, observando o que acontecia. De início não relatei ao paciente o que se passava.

Aquele bispo exalava sentimento de falsidade. Suas mãos brancas como lagartixa e de pele fina, com movimentos contínuos e ensaiados para a bênção, o contradiziam.

O anel enorme que tinha no dedo impactava com a imponência e a austeridade de poder podre, que me assustavam.

Olhei para a equipe de cura e os "vi" emparelhados na parede da sala observando a atuação do bispo.

A impressão era a de que o bispo se sentia em casa, e nós é que éramos seus vassalos.

"Vi" chegar o mestre ascensionado Serapis Bey, que rapidamente examinou o ambiente e se afastou porta afora.

Durante a sessão inteira fiquei "olhando" aquele bispo obeso se movimentar ao redor do paciente, sem entender o que ele fazia.

Decorrida uma hora de sessão, eu já ia encerrar quando ele se afastou da sala, com a arrogância sendo exalada pelas orelhas.

O paciente alegava muita pressão no peito, o chakra cardíaco.

Ele estava envolvido numa situação que eu ainda não sabia interpretar.

Depois que o paciente foi embora, perguntei à assessoria de cura o que tinha acontecido.

Um deles segurou no meu ombro e disse:

– Não queira saber o que é! Mas não se preocupe, vai dar tudo certo.

Fiquei preocupada, porque não tive nada para descrever. Gosto de descrever tudo ao paciente, ser os "olhos" informativos, e naquela sessão não houve quase nada. Só um bispo andando pela sala ao redor da maca.

Conformei-me e esqueci o assunto, mesmo porque, com a agenda lotada, não dá tempo para pensar muito.

Outro assunto já estava me aguardando na outra sala.

Na sessão seguinte de Saulo, quando o chamei para entrar, voltou a preocupação com aquela situação estranha.

Assim que ele se deitou, a assessoria de cura mostrou a ligação que o espírito de Saulo tinha com a cúpula da Igreja Católica no período da Inquisição e com o bispo arrogante que apareceu na primeira sessão.

Através do campo magnético, abriram uma janela e eu pude "ver" quem o paciente foi e o que havia feito.

Ele havia sido também um bispo de péssima qualificação, e mostrou os que diretamente matou, as mulheres que estuprou, os documentos que assinou pelos quais eram roubados os bens alheios.

"Mostrou" um túnel feito todo em pedra, com a abóbada arredondada, tendo em um dos lados uma passarela imitando uma calçada.

O túnel em alguns trechos era subterrâneo, em outros era seco, e acompanhava um córrego.

Tratava-se de um labirinto. Chamou-me a atenção a sua altura. Uma pessoa poderia nele andar ereta normalmente. Um maravilhoso trabalho de arquitetura.

Ele ainda "mostrou" Saulo andando pela calçada, à noite, num determinado lugar do túnel que continha terra.

Nessa terra eram enterrados os fetos, seus filhos, originados de abortos clandestinos e estupros.

"Mostrou" também o espírito de sua atual esposa desempenhando um pequeno papel em sua suja história de bispo. Ela, muito jovem, aparentando uns quinze anos, enterrava também um filho abortado do bispo.

O bispo tinha muitas ninfetas à disposição para satisfazê-lo sexualmente...

"Mostrou" a facilidade de um poder eclesiástico de corrupção formando um sistema. Era a época em que a Igreja Católica trouxe a escuridão ao planeta Terra.

Descrevi tudo ao paciente.

Atenta ao que se passava, "vi" chegar o bispo arrogante na porta da sala e segurei a respiração.

Ele chegou e ali parou. Estava sendo escoltado por uma equipe de cura que o colocou ao lado do paciente, para ele ver o que havia acontecido com Saulo até aquele dia.

O paciente chorava muito, pedia perdão e se desculpava incessantemente em voz baixa.

Ele teve muita dor física durante a sessão.

Fui conversando com ele e falando da limpeza pela qual estava passando.

A assessoria de cura tirava montes de sentimentos não virtuosos no nível intracelular.

A face do bispo, meio assustada, dava a entender que caíra na real, percebendo que o poder que pensava ter era podre e pobre.

A vida presente de Saulo era o futuro do bispo na próxima encarnação, e posso dizer com certeza que ele não gostou do que viu.

Seu rosto mostrava nitidamente o desagrado.

Colocaram remédio em alguns pontos estratégicos do paciente e encerraram a sessão.

Naquela semana Saulo passou mal em alguns dias, mas tinha entendimento do que estava acontecendo.

Querido leitor, se você pensa que o pior da encarnação eclesiástica de Saulo já passou, está enganado!

Também achei que o pior tinha ficado para trás, e confesso que depois dessa sessão desci até a cozinha da clínica e tomei uma xícara de chá. Aquelas imundícies embrulharam meu estômago.

A energia na sala ficou péssima.

Na sessão seguinte a assessoria deu início ao tratamento sexual do paciente, o que foi fantástico do ponto de vista terapêutico.

O bispo arrogante ficou em pé na porta do consultório assistindo a tudo, e é claro que não foi por livre e espontânea vontade. Foi por livre e espontânea pressão.

A assessoria aproximou-se do órgão genital de Saulo e, ao lado da virilha esquerda, abriu uma névoa energética esbranquiçada onde se encontrava um pacote.

Levantei da minha poltrona para participar da "visão" com mais detalhes e "percebi" que o pacote havia sido embrulhado com dobras, como se faz com papel.

O embrulho parecia de papel pardo e tinha uma camada bem feita que lembrava uma fita adesiva. Esta dava um aspecto de rigidez ao embrulho; tive a "impressão" de que era para guardar melhor.

Dois seres de cura foram designados para desembrulhar aquele pacote, e até então eu não sabia que se tratava do pênis de Saulo.

A delicadeza dos dedos e os sentimentos de respeito com que aqueles seres abriram o pacote me impressionaram.

Tratar e observar com a LUZ é realmente fascinante.

Após terem aberto o pacote, "vi" que desembrulharam mais uma camada; era de gaze com a trama fechada.

A gaze tinha aspecto de velha e de estar há muito tempo guardada, porque nela havia manchas amareladas, como aquelas que surgem quando se guarda roupa branca por muito tempo.

Quando acabaram de desdobrar a gaze envelhecida, dentro havia algo de cor marrom clarinho, que lembrava carne seca prensada.

Pensei: Meu Deus! O que é isso que esse homem tem aí?

No instante seguinte, delicada e lentamente, pegaram uma pele e foram levantando. Foi aí que reconheci o pênis.

Levantaram o órgão pela pele que envolve a cabeça do pênis ao ponto de se deixar "ver" bem o saco escrotal.

Um detalhe interessante: o órgão genital de Saulo não se encontrava bem em cima, onde fisicamente está o órgão genital masculino. Ele estava do lado direito na virilha, mais para perto da bacia, na altura da cabeça do fêmur.

Saulo tinha organicamente tudo no lugar, mas energeticamente o órgão sexual não estava ativado; estava num processo de embutimento, uma condição energética (processo cármico por mau uso do órgão).

Do ponto de vista da vidência, eu diria que tudo era fantástico.

O passo seguinte da assessoria de cura foi massagear o pênis: seguraram-no na base e o esticaram muitas vezes, dando a impressão de estarem acordando algo que há muito estava adormecido.

Os testículos foram colocados na palma de suas mãos e rodados de um lado para outro.

O próximo passo consistiu em sacudir muito aquele pênis, igual fazemos quando tiramos a roupa da máquina de lavar; aquela sacudidela para a roupa ficar lisa no varal.

"Entendi" por que Saulo não gostava de penetração na mulher e também não era homossexual.

Aquele órgão não estava ativado no plano espiritual; consequentemente não funcionava corretamente no plano físico.

Tudo acontece primeiro no nível espiritual e depois é concretizado no mundo material (ou empírico). É a Lei Universal.

Tive de voltar a sentar na poltrona, porque Saulo, muito machista, estava incomodado com meu olhar fixo em sua região sexual. Retruquei:

– Você tem consciência de que, para poder descrever, tenho de "ver" o que a assessoria de cura faz na região?

– Sim! Tenho! – ele respondeu e parou de se incomodar.

Lidar com as crenças do Ser Humano, mesmo ele recebendo anistia, não é fácil!

Aproveitei e dei uma "espiada" no bispo. Ele estava murcho como alface no vapor de água quente.

Na etapa seguinte a assessoria de cura recolocou o órgão genital energeticamente, depois de ativado, no lugar físico.

Isso doeu, mas Saulo não reclamou. Aos poucos foram arrastando a energia para o seu devido lugar.

Passaram remédio pela região, onde colocaram um curativo tapa-sexo e uma faixa.

O curativo, que era feito com ataduras, dava voltas pela cintura e pelas nádegas. Passaram nele um *spray*.

Saulo deixou a sala com o quadril todo enfaixado, sem conseguir fechar as pernas direito.

Nos dias seguintes ele sentiu dor na região, e a recomendação era de não fazer sexo.

Na outra sessão "olhei" para seu pênis, que parecia com o de todos os homens, ativado, normal, pronto para o uso.

– Tentou usar seu novo órgão?

– Não. Ainda está muito sensível. – respondeu ele, envergonhado.

– Mas logo você vai precisar se exercitar. Não tenha medo; o hábito antigo que havia sido imposto foi mudado na origem. Você está livre.

Ele acenou com a cabeça, e no canto do olho uma lágrima escorreu.

Na mesma sessão foi trabalhado o nível de "escritório", com papéis.

Foram chamadas do mundo espiritual muitas pessoas, inclusive padres, para assinar documentos que para mim não eram mostrados com nitidez, mas "sei" que se tratava de aquisições ilícitas. Era a devolução dos bens roubados.

Apareceu também o bispo arrogante, que agora estava andando na linha, destronado de seu cargo, cabeça baixa, resignado e servidor.

Fiquei feliz por aquele espírito ter entendido o projeto da LUZ.

Não precisamos mais de clero corrupto em nosso planeta.

Saulo vinha uma vez por mês, e na sessão seguinte alegou que o desejo de penetração havia brotado e o resultado fora melhor que o esperado.

Sua esposa estava muito feliz, comentou.

Na penúltima sessão, reclamou da situação financeira, e "descobri" que seu EGO de dualidade era muito forte. Conversamos sobre isso.

Ele achava que a LUZ e a escuridão tinham a mesma força! Ou estavam no mesmo padrão!

A LUZ é a única força Universal que leva a pessoa para a transformação, para a LUZ eterna.

A escuridão é a ausência da LUZ!

Para chegarmos à sabedoria e sermos Deus em ação através do corpo físico, ou, em outras palavras, um mestre ascensionado, é preciso limpar os EGOS do nosso inconsciente.

Para isso devemos registrar nesse mesmo inconsciente a maior quantidade de virtudes.

Somos o que pensamos; consequentemente, somos o que temos registrado em nosso inconsciente.

Isso quer dizer: Ser, EU SOU o EU SOU, porque EU SOU.

Uma das coisas que a cultura ocidental não ensina é cultuar o nosso EU SOU. Quem dos leitores alguma vez na vida conversou com o seu EU SOU?

Saulo entendeu nossa última conversa sobre a LUZ e veio com ótimas propostas de trabalho.

Passou a praticar a meditação e sua vida começou a mudar drasticamente.

Ele nasceu novamente nesta vida, nas áreas profissional e sexual.

Na sexual ele está atuando como um verdadeiro marido, e na profissional me trouxe o cartão da empresa que havia montado, que fazia seus primeiros progressos.

Passou a dizer: "EU SOU um empresário; depois de tanto tempo entendi minha vida com Deus".

Fiquei feliz por ele ter conseguido. Não precisamos mais sofrer no presente por não termos sido sábios no passado.

O que precisamos é querer verdadeiramente mudar nosso interior.

Mensagem

Este caso mostra o mau uso da sexualidade em uma encarnação de vida passada eclesiástica. Relaciona-se ao relato sobre Clori.

Saulo não sabia que seu pênis estava envolto em um pacote que não lhe permitia usá-lo corretamente nesta encarnação. Mais uma vez, neste livro, aprendemos que devemos ter responsabilidade em relação a nossos órgãos.

Refletimos também sobre a pedofilia dentro de grupos religiosos dogmáticos e elitizados. Mal sabem esses seres o compromisso de encarnações futuras, nas quais terão sérios problemas cármicos.

Novamente, a expressão do Eu Sou, que é o puro amor de Deus em Ação, ficou seriamente comprometida.

Caterina se cura do carcinoma

Certo dia, num final de tarde, apareceu em minha casa um homem de uns quarenta e sete anos acompanhado da esposa.

Ele se apresentou:

– Meu nome é João, e esta é minha esposa Caterina.

Fiz os dois entrarem. A esposa chorava compulsivamente.

Ela estava tão abalada que seus músculos faciais se encontravam paralisados.

As lágrimas corriam rosto abaixo, parecendo uma cachoeira.

Convidei-os para sentar enquanto o marido se apressava em contar o que estava acontecendo.

Há mais ou menos três anos, Caterina sofreu um acidente automobilístico e teve o rosto desfigurado.

Ela vinha fazendo sucessivas cirurgias plásticas corretivas com um cirurgião de São Paulo.

Na última ida ao médico, ele pedira, como de praxe, alguns exames. A ideia era que no dia seguinte ocorresse mais uma cirurgia plástica em seu rosto.

Para surpresa de ambos, um dos exames pedidos detectava um tumor maligno na mama direita de 2,5 cm.

– Foi de viagem preparada para tratar uma coisa e encontrou outra! – afirmava seu marido, preocupado.

Vendo a gravidade do caso, o médico não queria deixá-la voltar. Ele entendia que a mastectomia deveria ser feita o mais rápido possível.

Diante da insistência de Caterina, ele acabou lhe dando duas semanas para providenciar tudo e retornar correndo.

– Quando fui buscá-la na rodoviária, ela estava em pânico! Dona Mara, ela não conseguia nem falar direito!

– E como o senhor chegou até mim?

– A senhora atendeu um amigo meu. Ele foi goleiro de futebol quando jovem e não conseguia mais levantar um dos braços. Em função de ter levado tantas pancadas no ombro, houve a formação de cristais e ele sentia muita dor. Depois que passou a ser atendido pela senhora, seu ombro ficou bom. Por isso pensei que a senhora pudesse ajudar minha esposa também.

Lembrei do caso dos cristais no braço do goleiro. Lembrei da assessoria espiritual quebrando os cristais e lixando as pontas com uma LUZ que doía nos meus olhos. A LUZ intensa saía da ponta do dedo indicador enquanto alisava os cristais.

– Bem, vamos dividir estas duas semanas em três atendimentos. O senhor pode trazê-la amanhã às oito horas? – perguntei.

– Sim, posso.

No outro, dia na primeira sessão, recebi Caterina, que veio sozinha.

Convidei-a para deitar e imediatamente a assessoria espiritual entrou em ação.

"Vi" dois médicos espirituais que, apesar de aparentarem jovialidade, usavam roupas antigas.

Usavam jalecos brancos e compridos até abaixo dos joelhos e de mangas longas.

Não tinham camisa por baixo do jaleco, e suas mãos estavam revestidas com luvas curtas de borracha branca opaca.

Meu campo de visão foi transferido para bem perto da mama, o que chamo de visão *zoom*.

"Vi" um par de mãos se dirigindo ao carcinoma de Caterina, enquanto o outro par ficava parado ao lado, como se aguardasse algum procedimento.

O primeiro par de mãos manteve a mão esquerda delicadamente segurando o seio, enquanto a direita se ausentou do meu campo de visão por um momento.

No seu retorno, ela trouxe um bisturi de ponta curvada.

Fez no ar uma cruz, calculando o centro do carcinoma, e apoiou o dedo mindinho.

Colocou delicadamente o bisturi na pele de Caterina, antes do núcleo previamente calculado.

Com o pulso firme e seguro, foi cortando horizontalmente, com a intenção de fazer uma incisão no terço médio do tumor no sentido da profundidade da mama.

No mesmo instante o outro par de mãos movimentou entre os dedos um pedaço de gaze com trama fina, embebida num líquido transparente.

O líquido, supostamente um remédio, vinha dentro de um pequeno frasco de uns 4 cm de altura, mais ou menos, de *design* antigo, sendo também transparente.

Depois de a gaze estar totalmente embebida, essa mão passou-a para a mão que segurava cuidadosamente o seio, e, com a ajuda do bisturi, foi sendo empurrada para dentro da incisão.

Muito cuidadosa e lentamente, a gaze foi se amontoando naquela fenda, e no final deixaram um pedaço de gaze pendurado para fora, como um dreno.

As mãos tiveram o cuidado de alinhar o pedaço do dreno, abrindo bem aquele cordão.

Escutei em meu ouvido:

– Está pronto.

Minha visão de *zoom* voltou ao normal e "vi" quase por inteiro aqueles cirurgiões maravilhosos.

Com uma saudação de cumprimento, olharam carinhosamente para mim e foram desaparecendo no nada.

– Muito obrigada! – gritei, atrasada, em pensamento.

Informei a Caterina que ela estava pronta e podia sentar-se.

– Como você está? – perguntei.

– Um pouco tonta.

– É normal ter um pouco de tontura, mas logo passa.

Relatei tudo à paciente, marcamos outra sessão e ela se foi.

Na segunda sessão, Caterina se deitou e prontamente a assessoria entrou em ação.

"Vi" os mesmos dois médicos espirituais, sem o *zoom*, e dessa vez eles pediram para eu ficar posicionada mais perto da cabeceira da paciente.

"Vi um deles" tirar a gaze da incisão, puxando-a pelo dreno.

Por incrível que pareça, a gaze saiu negra como carvão.

Ele a inspecionou e jogou de lado.

Enquanto isso, o outro par de mãos embebeu uma nova gaze branquinha, repetindo todo o procedimento da primeira sessão.

Com a ajuda do bisturi, a gaze foi colocada na mesma incisão, deixando também um dreno.

Ouvi novamente:

– Está pronto.

Desta vez não me saudaram. Pareciam ter pressa, e sumiram no nada novamente.

Relatei tudo a Caterina, e dessa vez ela já estava melhor, falando algumas frases inteiras.

Na terceira sessão, foi uma surpresa para mim quando o médico espiritual tirou a gaze. Ela estava apenas cinza-claro, e o tumor se encontrava em camadas arredondadas como uma ferida no processo de cicatrização.

Meus olhos físicos se arregalaram, e percebi que a mama, naquele lugar, não estava mais inchada.

Coloquei meu rosto mais perto, para ver melhor, e perguntei:

– Doutor, e agora?

– Agora – respondeu ele – ela não vai mais precisar fazer a mastectomia, está curada. O médico dela lá em São Paulo vai chegar a essa conclusão.

– Será, doutor?

– Com certeza!

E colocou novamente uma gaze embebida, deixando o dreno.

– Olhe aqui.

"Vi" o seu bisturi apontando para um círculo, no campo de energia acima do corpo físico de Caterina, na mesma mama.

– Está chegando outro tumor maligno nela.

No mesmo instante ele o cortou, removendo aquele círculo.

Pegou um pedaço pequeno de gaze e, com a ponta do bisturi, enfiou-o para dentro.

Eu olhava aquilo tudo como uma criança maravilhada, sem querer emitir um só pensamento.

– Que lindo! Tão fácil e simples, só por Deus.

Ele me deu um sorriso tão meigo e doce que minha alma se encheu de alegria.

A paciente tossiu e eu tratei de voltar a minha postura profissional, pois na cultura ocidental não devemos chorar na frente do paciente.

Os médicos me saudaram e foram embora.

Caterina levantou-se, não sentiu tontura, relatei tudo e lhe desejei uma excelente estada em São Paulo.

Este último dia era um domingo de manhã, e ela viajaria à noite. Na segunda-feira ocorreria sua internação.

Na terça-feira bem cedo, pela manhã, abriu-se uma janela: vi Caterina na maca, descansando numa rampa, num ambiente cujas paredes eram todas de azulejos brancos.

Deduzi que estava sendo levada para o centro cirúrgico e pensei: como será que está o médico? No mesmo instante abriu-se uma segunda janela em cima da primeira e apareceu o médico no vestiário, aprontando-se para a cirurgia. Não me preocupei em ver seu rosto, e sim em concentrar minha sensibilidade no seu campo de energia para saber se ele estava bem.

O bem-estar do profissional nessa hora também é importante. Imediatamente senti que ele estava descansado, tinha dormido uma boa noite de sono; senti também que não havia feito sexo naquela noite. Senti também que pensava na cirurgia de Caterina com responsabilidade.

– Ótimo! – falei em voz alta, em minha cozinha. – Ela está em boas mãos.

Desliguei-me do caso e as janelas se fecharam.

Por volta das onze e meia da manhã, meu telefone tocou.

– Alô? Dona Mara?

– Sim, ela mesma.

– Aqui é a acompanhante da Caterina.

– Quem? – perguntei, achando que não tinha entendido direito.

– Da parte da Caterina, aqui em São Paulo...
– Ah, como ela está?
– Estou telefonando para agradecer. Não precisou tirar... Ele só tirou os gânglios.

"Ouvi" a voz do médico espiritual dizer:
– Mas não precisava!
– Ele retirou o quê? – perguntei. A ligação estava ruim.
– Foram retirados os gânglios do braço. – ela repetiu.

"Ouvi" novamente a voz:
– Para mostrar serviço.
– Ele abriu e o tumor estava seco! É! Vou desligar, Dona Mara, estou na rua, num telefone público, meu cartão vai terminar.
– Está bem, querida! Obrigada por ter ligado.

Fiquei pasma por saber que o médico físico confirmou o que o médico espiritual havia dito antecipadamente.

No sábado chegou Caterina.
– Como foi tudo? – perguntei.
– Muito bem. Recebi um milagre de Deus e não perdi mais uma parte do meu corpo. Tenho que ler e me inteirar do mundo espiritual. Isso está faltando em minha vida. Sou uma empresária bem-sucedida, e a leitura que faço deste acontecimento é que preciso me dedicar mais a Deus. Deus deve ter um propósito para minha vida, e não acredito que seja só trabalhar e juntar dinheiro. Vou reformular tudo, vou trabalhar menos e cuidar mais do meu espírito. Tirar tempo para mim.

Caterina ainda estava emotiva, era tudo muito recente, e Deus nessa intensidade, para ela, era um assunto novo.

– Você falou com o médico sobre o tumor? – perguntei.
– Falei, mas não contei que tinha vindo aqui. Ele disse que, quando abriu e viu o carcinoma seco, por prevenção tirou só o miolo, e achou melhor tirar os gânglios do braço. Receitou dez aplicações de rádio e já informou que sem o carimbo das aplicações feitas não recebo retorno.

– Caterina, ele não perguntou nada sobre algo que tenha acontecido com você para justificar um carcinoma estar seco em duas semanas?

– Não, não tocou no assunto. Nem eu disse nada. Ficou por isso mesmo e vim embora.
– Que bom, minha querida! Seja bem-vinda ao mundo espiritual!
– Falando nisso, você pode recomendar alguns livros?
– Posso! – respondi, com um sorriso.
E assim foi concluído mais um caso físico com as mãos espirituais.

Mensagem

Em determinadas situações, não nos basta um susto, um acidente, uma doença. O chamado da espiritualidade para revermos nossa forma de vida, incluindo sentimentos, pensamentos e atos que cultivamos, precisa se repetir por várias vezes. Essa é a lição de Caterina: um acidente, um carcinoma, outro em formação... Felizmente ela despertou, e esse foi só o começo de uma nova vida!

O caso mostra também que a maioria dos profissionais da saúde não associa, no exercício da sua profissão, o sentimento não virtuoso original, que leva à manifestação de doenças no plano físico. Eles veem, em geral, o que aprenderam na grade curricular acadêmica, o ser humano em sua dimensão meramente física, e não integral. Vale lembrar que alguns cursos da área da saúde já estão inovando, mas ainda de forma muito tímida.

Técnicas como acupuntura e massoterapia, que antes eram vistas como práticas de fundo de quintal, passaram a ser empregadas na área da saúde, patrocinadas pelo próprio poder público. Isso é muito positivo para a sociedade, mas não podemos esquecer que não deve ser pretexto para a exploração econômica de nichos de mercado.

As pessoas que ocupam posições de poder, tanto na iniciativa privada como na pública, nas áreas de saúde, construção civil, energia elétrica, política, entre outras, estão em geral em cargos técnicos racionais direcionados pelos egos. Para terem um olhar em mais de 85% para o coletivo precisam sair da sua perspectiva individual e egoísta e ir para a visão no coletivo. Para isso precisam passar por uma profunda autotransformação.

Fazer parte da rede cósmica da Luz!

São seres que encarnaram no planeta Terra de terceira dimensão e ainda não se deram conta de que estão vivendo em crenças, expressando egos que o planeta não comporta mais, direcionado que está para a quinta dimensão. Enfim, essas pessoas estão obsoletas.

Senhor Júlio se cura através do perdão

Na época deste caso eu atendia em Blumenau, uma cidade linda, florida e com uma sólida e austera cultura germânica.

Recebi o senhor Júlio em minha sala e percebi que ele tinha uma cor branca de um pálido esverdeado que me chamou a atenção.

Era um homem baixinho, tinha um enorme bigode preto, que mais parecia uma escova de sapato, e estava muito magro.

Percebi, quando afrouxou o cinto da calça, que havia feito mais dois buraquinhos para apertar melhor a cintura.

Meu tratamento havia sido indicado pelo professor de ioga de sua esposa.

Ele alegava não entender nada desse tipo de técnica, mas estava disposto a experimentar.

Seu problema era o intestino grosso, que não funcionava. Ele estava em tratamento havia dois anos com o melhor especialista da região, e chegara a um ponto em que "não tinha mais jeito".

O médico já lhe havia dito que não sabia mais o que fazer.

– Só por um milagre de Deus, senhor Júlio!

Sua alimentação era balanceada por nutricionista, e mesmo assim seu intestino não reagia. Tudo o que comia defecava.

Expliquei a forma de tratamento e mesmo assim ele dizia que era tudo novo.

Era católico, mas entendia que Deus era o mesmo, e para ele isso era o que importava.

Deitou-se, a assessoria espiritual se aproximou e foi direto ao seu intestino.

"Vi" que em seu intestino não havia as sanfonas, que são normais nesse órgão, e também que a parede interna tinha em sua maior parte uma camada de tecido grosso esbranquiçado.

Em outros lugares, o tecido era tão fino que a qualquer momento poderia arrebentar.

Observei que a assessoria se preocupou de imediato com os lugares onde o tecido estava muito fino, e tratou de colocar outro tecido, fechando esses espaços tão transparentes.

Os remendos eram colocados na parte externa da parede do intestino; minha visão era interna, acompanhando o fechamento das partes mais claras.

"Vi" o intestino do paciente cheio dessas transparências, e concluí que o caso era realmente grave.

Gostaria também de esclarecer que a assessoria, nesse caso, não era médica das colônias espirituais; eram intergalácticos, e a técnica usada era diferenciada.

As mãos que trabalhavam usavam luvas brancas, e eram trazidas folhas com diversos adesivos. Estes eram destacados, removidos do plástico e aplicados no local de transparência do intestino.

Muitos remendos foram feitos naquele dia.

O canal do reto tinha uma saída direta, e isso não era normal.

Colocaram remédio naquela região e terminaram a sessão.

Após quinze dias, na segunda sessão, tive um forte impulso de pedir ao paciente que contasse um pouco de sua infância.

Alguma coisa me dizia que havia algo a ser descoberto lá.

Descobri que tinha sido criado pela tia e fora muito maltratado.

Pedi que deitasse no colchonete para ver o que a assessoria queria me mostrar.

"Vi" o senhor Júlio como criança e depois como adolescente, parado em frente à casa da tia, do outro lado da rua.

A rua era de chão batido e estreito.

Ele olhava para a casa da tia e sentia um profundo ódio por ela.

Sentia também uma enorme saudade da mãe, que já tinha falecido.

Sua mãe tivera muitos filhos, e, como não dispunha de condições financeiras para criá-los, entregou-os aos parentes. O senhor Júlio ficou com essa tia, que o maltratava muito.

Eu já sabia que seu intestino doente estava impregnado de sentimento de ódio pela tia desta vida.

A assessoria tornava a colocar novos remendos, passando a refazer o canal de saída do ânus, e providenciou uma amarração refazendo a sanfona do intestino.

Na terceira sessão, bati na tecla do perdão.

– Senhor Júlio, a cura definitiva deste órgão é o seu perdão a essa tia.

– Mas eu já perdoei!

– Não, o senhor ainda não perdoou totalmente. Pensa que perdoou.

Tirei aquela sessão para explicar a gravidade de carregarmos sentimentos mal qualificados, instalados nos nossos registros e consequentemente em nossos órgãos.

Foi muito difícil para o senhor Júlio entender, porque ele não sabia que pensamento também é energia, e energia disparada para qualquer lugar sempre retorna à sua origem.

Portanto, ele estava sofrendo de seu próprio disparo (causa e efeito).

Fui adiante. Expliquei que toda a sua família sofria porque ele estava preso a uma frequência energética que impedia o crescimento de todos, inclusive o dele. Tanto que estava correndo risco de morte por carregar esse profundo ódio – enfatizei.

Sentado na minha frente, ele ouvia om atenção e vez ou outra enxugava uma lágrima. Percebi que, enquanto eu falava, ele fazia uma viagem ao passado.

– Senhor Júlio. – concluí. – Vou passar uma tarefa de casa para o senhor. De hoje até nossa próxima sessão o senhor vai reviver toda a sua infância e irá perdoando a todos, deixando para trás uma grande estrada de Luz.

– Vou tentar. – limitou-se a responder.

Na quarta sessão percebi que sua cor estava menos esverdeada e seus olhos brilhavam mais. Fiquei esperançosa, pois sabia o quanto é difícil para o paciente sair do pensamento racional e entrar no cognitivo depois de viver a vida inteira numa cultura engessada pelo racional.

Pedi que se deitasse no colchonete, e foi realmente uma sessão maravilhosa.

"Vi" o senhor Júlio ao lado da velha casa de madeira onde viveu os primeiros anos com seus pais.

Encontrava-se sentado embaixo de um caramanchão de flores, conversando com sua mãe. Falava de coração aberto, e perguntava a ela por que o havia doado para sofrer tanto.

Ela respondia, serena e iluminadamente:

– Porque essa sua tia já fora, em vidas passadas, sua mãe. E você a fez sofrer muito. E nesta vida foi a experiência pela qual você optou para aprender o perdão. Então, meu filho, está tudo certo: não o doei para sofrer; ajudei-o a fazer a lição de casa desta vida.

Deu-se um silêncio entre eles e aos poucos o senhor Júlio abriu um sorriso de AMOR. Foi-se inclinando para a frente e beijou a testa da mãe, com profundo sentimento de AMOR.

À medida que esta cena se passava em câmera lenta, o caramanchão de flores se transformava em pequenas e brilhantes estrelas no fundo azul da Via Láctea.

Os pequenos fragmentos de sentimentos mal qualificados incorporados em seu intestino se deslocavam para fora de seu corpo em riscos de luz.

"Vi" nítido e claro, ao vivo e em cores, que o senhor Júlio havia alcançado o real perdão, e consequentemente ganhara a cura do seu intestino.

Abri meus olhos físicos e percebi o seu semblante de paz, ali deitado como um passarinho sem resistência e Uno com o todo do Universo.

O filme da última imagem foi se dissolvendo no ar da sala.

Relatei tudo ao senhor Júlio, que, ao final, afirmou:

– Hoje estou diferente das outras sessões.

Na sessão seguinte, quando o senhor Júlio entrou, estava na cor normal, com um ar de empresário atarefado, e senti que sua sexualidade estava voltando.

Comentei sobre a sexualidade e ele afirmou que, após um ano sem apetite sexual, havia sentido alguma coisa, mas o desempenho ainda estava fraco.

– Não se preocupe que vai voltar ao normal. – respondi.

Naquela sessão o andamento do tratamento também foi bonito.

A assessoria, sem falar nada, fez um corte no final do estômago e no início do canal do ânus, retirando inteirinho o intestino arruinado.

Removeram o órgão como se remove uma peça de automóvel na oficina.

Quando me dei conta já estavam "instalando" outro intestino no lugar, com a maior naturalidade.

As emendas foram cuidadas para que ficassem perfeitas.

Fiquei impressionada com o merecimento do paciente e feliz com o seu esforço em alcançá-lo.

Relatei ao senhor Júlio o acontecido e ele respondeu:

– Será que recebi o tal milagre de Deus de que o médico me falou?

– Acho que sim. – respondi, rindo. – Deixaram sua roupagem orgânica inteira.

Nos abraçamos e rimos juntos.

O senhor Júlio precisou retornar mais algumas vezes para a assessoria espiritual fazer a manutenção nas emendas do intestino.

Em uma dessas vezes eu já estava morando em meu novo endereço, na Alameda Rio Branco, em Blumenau. Ele confessou discretamente, pois sua esposa se encontrava na sala também:

– O desempenho está maravilhoso... o apetite também... Hum... Meu corpo está saudável... A senhora sabe, uma coisa sem a outra não dá! Enfim, obrigado por tudo.

Pela porta de vidro os vi embarcar no carro que se abrigava nas sombras das árvores da Alameda e vi o senhor Júlio feliz na saúde, como homem e como profissional.

Mensagem

Este caso me fez relembrar uma maravilhosa lei do Universo chamada Lei da Precipitação.

Encontrei essa lei escrita no livro Vida e ensinamentos dos Mestres do Extremo Oriente, da Editora Pensamento. O livro veio parar em minhas mãos por intermédio de uma mulher que bateu à porta da minha casa dizendo conhecer meu trabalho de terapeuta clarividente.

Ela dizia também que o livro tinha tudo a ver com meu trabalho, que eu não a conhecia, mas ela queria deixá-lo comigo. Dentro dele estavam os seus dois números de telefone, o fixo e o celular. Quando eu terminasse de ler, bastaria telefonar que ela viria buscá-lo.

Depois de 20 dias dei início à leitura e constatei, já nas primeiras páginas, tratar-se da Lei da Precipitação.

Corri para comprar um exemplar para mim e telefonei para Maria (o nome que constava junto dos números de telefone), na ânsia de devolvê-lo.

Para minha surpresa, a mulher nunca existiu em nenhum daqueles números.

Entendi o recado. Não havia sido a única vez que se manifestava a Lei da Precipitação em minha vida.

Ao vivenciar o caso do senhor Júlio, fiquei impressionada diante da Lei da Precipitação. Mais uma vez a lei se apresentava em minha vida.

Para explicar melhor, podemos imaginar da seguinte forma: o ato de retirar o intestino doente do paciente, que a qualquer momento iria arrebentar, foi realizado de forma a substituí-lo por um novo, dentro da Lei da Precipitação (materialização e desmaterialização). Imagine agora ir a uma oficina mecânica buscar o conserto do seu carro. Ao chegar lá, você descobre que não há como consertar: é necessário trocar a peça quebrada por uma nova.

Cabe lembrar que o senhor Júlio e Albina tinham em comum um sentimento não virtuoso, que é o ódio. No caso do senhor Júlio, esse sentimento já se expressava na dor física e na desagregação familiar, *forçando-o a procurar a cura na medicina complementar. Por sua vez, Albina era resistente a mudanças, por não ter dor física, mas apenas o sentimento de incômodo constante. Ou seja: a dor constitui uma grande ferramenta para as pessoas se interiorizarem.*

Zeca merece casar-se e ser feliz

Em certa ocasião recebi em meu consultório um jovem de 28 anos que me compadeceu profundamente.

Era professor de computação em uma cidade vizinha e se chamava Zeca.

Alegava que tinha um problema de relacionamento ligado à sexualidade. Sua timidez também era um empecilho.

Isso o incomodava muito, pois não conseguia ter uma namorada, muito menos um relacionamento duradouro.

Confessou que todos os dias após o trabalho surgia em seu corpo um desejo muito forte de procurar uma prostituta.

Enquanto não encontrava uma, pelo menos para falar um "oi", aquele sentimento não o abandonava. Após o encontro, era corroído pela culpa, que o deixava quase louco.

– Não entendo o que acontece comigo! Não consigo quebrar esses sentimentos e acabo sendo sucumbido por eles. Oro a Deus já há muitos anos para me livrar disso, mas parece que Deus não me ouve, fui abandonado!

Com os olhos marejados, ele confessava com dor e indignação, sem muito me olhar. A maior parte do tempo encarava a parede para poder contar sua história de dor.

De repente olhou para mim e perguntou, em tom de súplica:

– A senhora acha que pode me ajudar? Eu tenho solução? Gostaria tanto de ter uma namorada, casar e ter filhos... Ser um homem normal!

Olhei firme em seus olhos vermelhos de tanto chorar e respondi, apesar de meu coração doer também com sua história:

– Você tem solução, com certeza absoluta!

Ele deu um meio sorriso e parou de esfregar as mãos.

– Folgo em saber.

Em geral são oito sessões, e lá pela quarta normalmente o problema já está delineado e o paciente se encontra encaminhado para a solução.

No caso de Zeca não apareciam as vidas passadas e já estávamos partindo para a sexta sessão. Comecei a ficar preocupada, por não saber, nem mesmo fora do atendimento, de algum indício da espiritualidade sobre o andamento do caso.

Comecei a questionar a espiritualidade sobre o que estava acontecendo. Apenas me olhavam e não diziam nada.

Quando chegou a sexta sessão do atendimento eu estava preocupada, pois ambos queríamos respostas e cura. Para minha alegria, nesse dia surgiram respostas.

Um enorme quadro se abriu em frente ao paciente.

Para esclarecimento do leitor, a técnica que uso é inversa à do psiquiatra americano Brian Weiss.

Este coloca o paciente em relaxamento, usa o hipnotismo e o conduz até o trauma de vidas passadas, ou desta mesma, dependendo do caso.

Eu faço diferente, ao inverso: coloco o paciente em relaxamento e vou até o trauma dele, descrevendo o que aconteceu. Trabalho junto com uma assessoria espiritual e nos comunicamos em prol da cura do paciente.

São retirados os sentimentos mal qualificados do trauma que o paciente carrega, colocam-se remédios e são feitos curativos.

Em função dessas limpezas, o paciente apresenta melhora e se encaminha.

Algumas vezes preciso indicar literatura para informações espirituais. A região onde moro é carente na filosofia oriental.

Voltando à história de Zeca, com o quadro que se abriu: era uma paisagem amarelada pelo sol quente de fim de tarde, num país que não identifiquei. Mas tenho certeza de que não era o Brasil.

Via-se um campo enorme, com uma vegetação florida, muitos insetos voando e aproveitando aquela natureza. Bem no fundo, entre montanhas sem árvores, aparecia um pequeno sinal de fumaça em movimento.

À esquerda do quadro "vi" Zeca sentado num muro baixo feito de pedras recolhidas do local, característico de regiões em que se criam animais.

Zeca, nesse filme de sua vida passada, olhava para o nada, apoiando os cotovelos nos joelhos e desfiando algum capinzinho que arrancara por ali mesmo.

Aquela pequena fumaça agora mostrava ser de um trem, e se aproximava dele fazendo uma grande curva.

A paisagem era linda; o amarelão do pôr-do-sol incidia forte e colorido sobre todo aquele capim alto, e o som das asas dos insetos voadores dava um toque todo especial.

Lembrei de minhas férias de verão na fazenda no norte do Paraná.

A locomotiva vinha vindo, e já dava para ver que era uma Maria-fumaça antiga, com muitos vagões. A máquina era preta e bem conservada, mas não tinha condutor.

Ela passava a uns 50 m de Zeca, e era possível ver nitidamente o vapor que saía de suas rodas de ferro.

Quando criança andei muito de Maria-fumaça. Íamos para Rio do Sul, na casa de minha avó. Lembrei seu apito.

No filme de Zeca, o piuí-piuí era bem alto. Cheguei a me emocionar.

A máquina já havia passado na tela e esperei os vagões. Foi aí que tive uma surpresa.

Eram muitos vagões, todos com janelas de guilhotinas abertas e uma única mulher, de pé e vestida de noiva.

Meu Deus! – pensei. – O trem está totalmente vazio, com uma única mulher vestida de noiva. Qual será o significado disso para esse rapaz?

A noiva colocou o corpo para fora da janela, dando a impressão de procurar o melhor posicionamento em relação a Zeca.

Tirou a guirlanda de flores da cabeça e a jogou contra ele, dizendo:
– Não quero mais casar com você!

Muitas vezes ela repetiu essa frase, mas eu não conseguia mais ouvi-la; percebi que num segundo momento ela se referia à vida.

Vi essa guirlanda vindo em câmera lenta diante de meus olhos e percebi que era feita de rosas cor-de-rosa, somente as pontas das pétalas. Com um detalhe: a guirlanda tinha diversos tamanhos de rosas, o que lhe dava uma delicadeza toda especial, formando o redondo da circunferência.

A guirlanda não girava de ponta-cabeça; girava em círculos, e acabou sendo cravada no chakra cardíaco de Zeca.

Fiquei olhando tudo aquilo fixamente para não perder nenhum movimento. A guirlanda de lindas rosas cor-de-rosa foi se enterrando aos poucos no peito dele e lentamente desaparecendo.

Nesse exato momento, Zeca, no consultório, deu um suspiro de alívio e me assustei, pois estava entretida com o filme.

Logo em seguida o filme congelou a imagem e desapareceu.

Uma das coisas de que gosto em minha profissão é o fato de que com cada paciente eu assisto a um filme diferente.

Cada vida passada é um filme de história diferente, e eu não pago ingresso.

Se vocês pensam que acabou a história de Zeca, enganaram-se.

O paciente continuou ali deitado, e lentamente foram aparecendo seis vidas passadas diferentes e seguidas em que ele teve problemas no dia do casamento com a noiva vestida de branco pronta para a cerimônia religiosa.

Uma delas foi por doença: ela preferiu casar antes de morrer e só contou isso ao noivo (Zeca) após a cerimônia do casamento, ainda no jardim da igreja.

Em outra, após ter se casado, desistiu.

Ainda em uma outra, desistiu de se casar dez minutos antes, jogando o buquê em seus braços antes de entrar na igreja.

Em todas as seis histórias as noivas estavam vestidas de branco e o rejeitaram por diversos motivos.

Enfim entendi que seu bloqueio era por rejeição, e sua ida para as prostitutas era porque não se achava merecedor de uma esposa.

O branco simbolizava para ele a pureza.

Descrevi tudo, inclusive os chakras em que a assessoria espiritual tinha trabalhado.

Colocaram remédios e finalizaram com curativos.

O paciente ficou tonto e passou a sentir dor no peito.

Expliquei que era normal, e que nesses casos, trazendo o sentimento de muitas vidas passadas, ele teria efeitos colaterais por alguns dias, mas que passariam e seriam suportáveis.

Para minha surpresa, na sessão seguinte ele me apresentou sua primeira namorada.

Um ano depois de nosso último encontro, fui convidada para seu aniversário e eles continuavam namorando.

Hoje é um rapaz ainda jovem, mas seguro e tranquilo como tantos outros e feliz em sua nova vida.

Mensagem

Os registros de uma situação, especialmente quando envolvem dor, rejeição, ficam marcados em nosso inconsciente. Algumas vezes, vida após vida, revivemos tais sentimentos, reforçando ainda mais o aspecto negativo da situação. Nossa memória nos prende em um círculo vicioso.

A mensagem, neste caso, foi muito triste, porque um homem ser rejeitado por todas as mulheres das quais se aproximava não deve ter sido fácil.

Na história isso é representado pela guirlanda, que é jogada pela personagem no trem, a simbolizar a roda da vida!

O que me encantou em Zeca foi o fato de ele ter se colocado inteiramente à disposição dos Mestres Ascensionados, pois desejava saber o que tinha de estranho, e queria muitíssimo resolver o seu problema.

Como sabemos, sempre que alguém quer muito a solução, é atendido.

O amor que ele sentiu em vidas passadas por essas mulheres, pelas quais foi rejeitado, retornou nesta vida, na forma do amor emitido pelos Mestres Ascensionados, que o curaram.

Chaolin, o gato Chuchuco

Minha mãe mora há muitos anos em Balneário Camboriú, e sua atual residência fica próxima à Prefeitura Municipal. Nas costas de seu terreno existe uma escola pública municipal.

Entre seu terreno e a escola existe um limitador, um muro alto.

Um belo dia, pintando óleo em tela na sacada de seu quarto, que fica de frente para esse muro, ela ouviu miados de um gato pequeno.

Ficou intrigada, pois era época de férias, e na escola provavelmente não havia ninguém, no máximo um vigia à noite.

Ela não sossegou enquanto não colocou uma escada no muro para espiar a origem daqueles miados.

A escada que tinha era curta para aquele muro.

Mesmo assim providenciou pequenos pedacinhos de carne, jogando de cima da escada para o outro lado do terreno, na direção de onde achava que vinham aqueles miados.

Aguardou atenta a resposta do bichinho indicando que tinha localizado o jantar, pois iniciava o entardecer daquele dia.

Os miados cessaram e ela ficou mais tranquila, entendendo que naquela noite o bichinho não iria dormir de barriga vazia.

Minha mãe é perita em achar gatos e cachorros abandonados por onde passa e providenciar novos lares para eles, ou trazê-los para casa.

No outro dia, muito cedo, antes de o seu pedreiro chegar, ela já tinha ido até a escola providenciar o recolhimento do gatinho.

Sua ida foi em vão. A escola estava vazia. Não tinha sequer um vigia.

Voltou para casa inconformada, mas talvez o bichinho não fosse tão pequeno assim e tivesse se atrevido a ir para a rua, onde alguém, encantado, o teria levado.

O dia inteiro ela ficou com os pensamentos e os ouvidos pregados naquele muro, esperando alguma manifestação do bichinho ou uma ideia fantástica.

Mas nada aconteceu. O pedreiro foi embora e mais um dia de trabalho tinha terminado.

Mamãe Calixta sentou-se na sacada para refletir sobre mais um dia concluído e pensar que uma nova vida do outro lado do muro iniciava com problemas: o abandono pelo homem de um pequeno e indefeso animalzinho.

Mal terminou sua frase, surgiu do nada o som do miado, que passara o dia inteiro calado.

– Miau... Miau... Miau...

Calixta correu para colocar a escada no muro, já com pedaços de carne apertadas na mão, que jogou por cima, feliz com a chamada do bichinho.

Sem esperar muito tempo, escutou o miado de fome, seguido da rápida mastigação.

Ele não foi embora! – pensou... – Tenho de remover ele dali, senão sabe-se lá o que poderá acontecer.

Ficou a noite inteira fazendo projetos para entrar nos fundos da escola e resgatar o bichinho. Acabou não dormindo bem à noite.

Conhecendo bem mamãe Calixta como conheço, no dia seguinte seu plano de salvamento já estava concluído e o pedreiro teria de fazer parte da equipe.

Logo que o senhor Vilmar, o pedreiro, chegou, foi recrutado para, com uma escada mais comprida, subir no muro.

Descobriram que Deus dá coberta e alimento para os inocentes e indefesos, pois do outro lado do muro havia uma caixa de alvenaria onde tranquilamente o pedreiro pôde pular e descer do muro sem problemas.

Um degrau providenciado por Deus, diria!

Ao pular na calçada da escola, Vilmar foi visto pelo bicho, que, rapidamente, se escondeu dentro do bueiro, sem dar acesso para as grandes e ásperas mãos do pedreiro.

Este retornou, subindo no muro para confabular com a autora do plano. Não tinha como pegar um gatinho tão pequeno dentro de um cano, no interior do bueiro. E mais! Se alguém da rua avistasse um homem desconhecido dentro da escola municipal, poderia confundi-lo com um ladrão e mamãe Calixta teria de se explicar na delegacia, na rua ao lado.

Não ia ficar bem para uma senhora conhecida no bairro como boa samaritana de animais ser pega em flagrante cavando o jardim da escola pública.

Como vou explicar que focinho de porco não é tomada? Tudo isso passava pela cabecinha de mamãe Calixta.

– O que faço agora, Dona Calixta? – perguntou o pedreiro, que a essa altura estava confortavelmente sentado no muro, aguardando as instruções.

Ela deu um tempo para rapidamente coordenar as ideias, e saiu-se assim:

– Eu vigio a estrada. Se vier alguém, eu assovio e você para de cavar. Pega aqui a marreta e o pé-de-cabra e levanta o bueiro primeiro. Veja então se você tem acesso para pôr a mão nele. Cuidado para não machucá-lo!

– Tá! – respondeu o pedreiro. Ela já foi passando as ferramentas, decidida.

Vilmar conseguiu tirar a tampa de concreto do bueiro e removê-la para o lado.

Inacreditavelmente, o bichinho tinha se enfiado lá dentro, e só dava para ver a ponta do rabinho encolhido.

Medo! O medo do desconhecido o fez se esconder, para proteger a vida!

O pedreiro ficou novamente sem saber o que fazer. Nunca havia feito aquilo; sabia assentar cerâmica, vaso sanitário, rejuntar piso de cor e salteado, mas salvamento de animais era um assunto novo.

Ele subiu no muro novamente. O plano de Dona Calixta sofrera novas mudanças, e ela precisava orientá-lo.

– E agora, o que faço?

O gatinho se enfiou bem no fundo do cano, e as mãos do pedreiro não o alcançavam.

– O cano é de que material? – perguntou a idealizadora do plano.

– Não é ferro, nem PVC. Parece concreto.

– Está dentro da terra, muito fundo? – ela tentava achar uma solução rápida.

– Não.

– Então cava mais na frente, onde o cano pode ser quebrado, e retira o cano com o gato dentro!

Vilmar olhou para o local de trabalho de cima do muro, pensou e disse:

– Vou tentar tirar primeiro o barro, mas preciso de uma pá reta. A senhora me alcança?

– Está bem!

Lá foi mamãe Calixta buscar uma pá reta, saltitando nos pés como brasa.

O plano estava trabalhoso demais, e o olho na rua estava cansando. Mamãe Calixta afirmou:

– Fiquei de olho no peixe e no gato!

Vilmar, com a pá, foi tirando o barro e descobriu que o tubo não era único; era encaixado dentro de outro, diminuindo de tamanho em um lado e, logicamente, aumentando no outro.

Ficou mais fácil.

O bichinho, ali quieto e assustado, nem imaginava o que poderia acontecer em sua nova vida.

Vilmar encontrou a emenda de encaixe de cano e a isolou com a marreta.

Foi devagar quebrando o concreto, respeitando a distância de segurança do animalzinho.

– Cara, onde você foi se meter? – resmungava o pedreiro, provavelmente preocupado e pensando no banheiro que tinha sido contratado para fazer, e ali estava, gastando tempo com um gato enfiado até o final do cano.

Conseguiu isolar o cano e retirou o barro de cima. Levantando o cano no nível dos olhos, viu a carinha suja e assustada do bichinho abandonado.

– Puxa, até que tu és bonitinho. Valeu a pena toda essa cavação. – comentou, feliz com o sucesso do plano.

– Dona Calixta! – berrou o pedreiro lá de baixo, não querendo mais subir no muro para receber instruções no cochicho.

– Não grita...

– Não tem mais problema, agora tenho o álibi em minhas mãos! É um filhote de siamês! – ele gritou mais alto ainda.

Com o dedo indicador, ele fez um agrado no focinho do gatinho, virou o cano de ponta-cabeça e retirou o bicho todo apertado, sujo, as unhas afiadas. Ariscou, ele tentou fugir, mas mamãe Calixta já havia providenciado uma toalha velha na qual ele foi imobilizado entre as mãos do pedreiro.

Vilmar subiu no muro novamente e com cuidado passou o pacotinho, que não era mais abandonado, para mamãe Calixta.

Ela pegou o embrulho com as duas mãos jeitosas e desceu da escada para identificar sua proeza.

Depois de identificado, ele foi para o gaiolão com água limpa, comida e cama fofa.

O gaiolão da Calixta são grades preparadas para receber animais em observação. Elas ficam uma em cima da outra na copa, onde são vigiadas constantemente.

Com toda essa trabalheira, já estava na hora de iniciar o almoço. Quando mamãe Calixta abriu a torneira da pia da cozinha, percebeu que o gato, no gaiolão, foi de encontro à grade, se debatendo muito.

Não foi muito difícil adivinhar que o cano do bueiro onde se abrigava era molhado com as enxurradas diárias de água fria.

O som da água da chuva vindo cano abaixo lembrava o barulho da água da torneira.

Para o bichinho, aquele som era ruim! Ele estava traumatizado, tinha que ser curado, e mamãe Calixta proporcionou isso.

Primeiro ela providenciou um tubo de PVC largo com uma extremidade fechada com espuma, para ele não bater com o focinho e não se machucar.

O tubo de PVC iria dar segurança como o cano do bueiro, só que sem a enxurrada de água gelada no lombo. Ele poderia diferenciar o bom do ruim.

Com uma boa dose de amor e carinho, o bichinho logo se aprumou.

Mamãe Calixta foi fazendo o teste da torneira até chegar ao ponto em que ele fez a associação e reconheceu sua nova vida, sem sofrimento.

Minha mãe tem uma enorme facilidade com animais com problemas. Com ela, eles logo ficam curados e passam a perder a vergonha; diria que ficam safadinhos.

No segundo dia ela não resistiu e me telefonou:

– Tenho uma coisa de que você vai gostar!

– O que é, mãe?

– Ele ainda está traumatizado, mas com o tempo ficará bom.

– Ah, mãe, fala logo!

– Achei um gatinho no bueiro. É a coisinha mais linda.

– No bueiro? O que um gatinho estava fazendo no bueiro?

– Foi abandonado, Mara! Não sei como as pessoas conseguem fazer isso com um bichinho tão indefeso!

– Mãe – fui cortando a emoção dela –, que cor ele tem?

– Cinza e preto. É um siamês, mas não é puro, é misturado. Vai ficar um gato grande, tem um cabeção e é patudo. Como tu gostas de gato, pensei em ti. Queres?

– Não sei. Posso ver primeiro?

– Pode!

Naquele dia mesmo subi a ladeira da Prefeitura e fui correndo ver o gatinho tirado do bueiro. Ouvi a história dele, contada pela mamãe Calixta, e agora a estou contando para vocês, leitores que gostam de bichos.

Não sei por que, fiquei logo ansiosa para ver aquele animalzinho.

Quando fui chegando ao gaiolão, me aproximei devagar, para perceber, através da sensibilidade, o que "sentiria". A sensação foi boa; gostei dele!

Conversei com ele e perguntei se queria ir para minha casa, massageando seu pelo através das grades.

Ainda não éramos bons amigos, mas eu sabia que seríamos. Já tive muitos gatos ao longo de minhas vidas, e nesta experiência também muitas histórias bonitas de gatos e do mundo espiritual deles, que interage conosco.

Quem fala que não gosta de gatos porque são falsos, ou que não servem para nada, está desinformado sobre eles.

Só depois de três semanas mamãe Calixta deu alta, e fui alegremente buscá-lo.

Assim que o soltei na sala de casa, ele foi logo cheirando e vistoriando tudo.

Não demorou muito para termos uma estreita ligação, ligação esta que aconteceu também de espírito para espírito.

Fiz chantala por muito tempo naquela barriguinha.

Ele adorava ir para meu colo amassar pão. Às sextas-feiras, depois do banho e da escovação dos pelos, isso era permitido.

Seu nome também não foi difícil de escolher. Já estava escolhido: Chaolin. O problema é que meu filho achou difícil pronunciar e o gatinho acabou ganhando um apelido: Chuchuco.

Para agradar a nós dois, no papel ficou Chaolin, e no convívio ficou Chuchuco.

Não demorei muito para "perceber" que ele era um gato especial. Ele contribuía para a transmutação de energias pesadas que acompanhavam meus pacientes.

Ele sabia direitinho quando a espiritualidade estava chegando para atender o paciente, e bem rapidinho se dirigia para perto de mim ou da pessoa que estava sendo tratada.

Assim que a assessoria terminava, ele se retirava do ambiente.

Uma vez fiquei preocupada com ele, que sumiu por dois dias. Pensei que estivesse namorando, mas depois descartei essa ideia.

Meu sentimento era o de que ele não estava conseguindo chegar em casa.

No terceiro dia, um sábado, eu estava vestida para ir a uma festa quando ele chegou, com a mandíbula quebrada. Tinha sido atropelado longe de casa e estava tendo dificuldade para retornar.

Muito assustado, correu para minha poltrona, tremendo. Primeiro conversei com ele, acalmei-o, depois liguei para alguns veterinários. O único que me atendeu e ainda estava na clínica às 22 horas de um sábado, em véspera de férias, era um estrangeiro.

Levei Chuchuco, que passou por uma cirurgia; tive de ser a ajudante do veterinário.

Eu não sabia fazer nada, mas a paciência e o amor daquele homem pelo animalzinho foram impressionantes.

Ele falava com sotaque carregado:

– Não desmaia, Dona Mara, porque não posso soltar as mãos do paciente, portanto seja forte, respire fundo e aguente firme!

Terminamos a cirurgia por volta de uma da manhã, colocamos o gatinho num gaiolão e fui embora, me sentindo uma anciã com toda aquela situação.

No outro dia fui vê-lo, mas ele ainda estava meio tonto, não me reconhecia. Havia sido banhado por um funcionário. Banho de gato, mas seus pelos não estavam mais sujos de barro.

À tarde levei comida, fígado em lata, mas ele ainda estava meio esquisito, acho que era o efeito da anestesia. Os amiguinhos das gaiolas vizinhas adoraram o jantar.

Na segunda-feira ele já estava bem, comendo normalmente. Ficou por uma semana internado na clínica.

Perto de completar oito anos de idade, percebi que meu gatinho não estava conseguindo urinar, e a região da bexiga estava inchada. Levei-o à veterinária e, com o ultrassom, descobrimos uma quantidade enorme de pedrinhas nos rins.

Ele ficou internado, passando por todos os procedimentos necessários para sua recuperação e conforto.

A cada dois dias eu ia vê-lo, e estava cada vez pior.

Depois de onze dias internado, decidi ter uma conversa séria com ele.

Quando ele me ouvia entrando na UTI, não miava, mas emitia um grunhido de reconhecimento.

Tirei-o do travesseiro e o trouxe para meu colo, com cuidado, pois ele tinha o soro acoplado na veia da patinha.

Não aguentei ver a dor daquele companheiro de jornada.

Desatei a chorar compulsivamente.

Não conseguia mais vê-lo naquele estado, todo inchado, com a boquinha seca e não tendo mais força para ficar firme nas pernas.

– Chuchuco. – falei baixinho, carinhosamente, em seu ouvido. – Hoje nós vamos decidir essa situação. Escuta bem o que a mamãe tem para dizer. Não aguento mais ver você sofrendo nesse estado deplorável, nessa UTI. Dê um sinal se você, como espírito de um animal em evolução, pode reverter esse quadro clínico em que seu corpo se encontra. Se você não conseguir reverter, a mamãe chama a assessoria espiritual dos animais e você passa para o andar de cima, deixa este corpo precário. O que não tem sentido é esse novo sofrimento por que você está passando. Mas primeiro quero que você saiba que sou grata pela sua vida e existência na minha vida. Quero agradecer a grande ajuda que você proporcionou ao atendimento junto aos pacientes, e só nós dois sabemos disso. A maioria dos pacientes para quem eu falava que a sua presença no atendimento era de ajuda, no máximo se esforçando bastante, dizia: "Eu também gosto de animais". Eu quero que você saiba que "percebi", "vi" e "entendi" o seu papel, de bênção voluntária e incondicional. Quero que saiba também que o liberto de qualquer compromisso que você ainda tenha comigo. Você está livre para o que for melhor para o seu espírito em evolução. Saiba que o que você decidir está ótimo para mim, só não quero ver esse sofrimento.

Acariciando seu pelo entre lágrimas e sentimento de amor, ia limpando meu nariz na manga da blusa, pois ele escorria incontrolavelmente.

Eu sabia que ele me ouvia. Antes do meio da minha conversa ele parou de grunhir, e, assim que terminei, deu um profundo suspiro de alívio e se alongou no meu colo, confortavelmente.

– Chuchuco, estou esperando, decida! Ou você reage, cura esse corpo doente e volta logo comigo para casa, ou larga de uma vez por todas esse corpo doente, e na sua próxima vinda como gato terei o maior prazer e alegria em recebê-lo novamente na minha casa e na minha vida.

Fiquei quieta, esperando a decisão, e "senti" que ele estava pensando. Ele tinha um sentimento forte por mim, e o que estava pesando na decisão era lidar com o desapego, a perda.

"Vi" sua patinha espiritual, a que não estava no soro, levemente acariciar minha mão.

Já "sabia" o que ele tinha decidido!

"Senti" que era um obrigado.

"Vi" seus olhos espirituais se fechando, como se entrassem em sono, e a cabeça caindo pra trás, liberando o corpo.

Ficar "vendo" o espírito se libertar do corpo é lindo, uma maravilha de Deus, mas dá uma dor no coração incontrolável.

Nesse instante veio através da janela da UTI um ser espiritual que reconheci na hora: era Lomsang Rampa.

Foi direto ao meu colo, sem titubear, com os braços estendidos, e muito delicadamente recolheu o espírito de Chuchuco do seu corpo, debruçando-o em seu ombro esquerdo.

Ajeitou-o em seu ombro e "vi" que Chuchuco estava inconsciente, parecia dormir.

Dirigiu-se para a janela fechada por onde entrou, e só naquele instante é que "vi" a vista maravilhosa que aquela janela proporcionava: um grande e majestoso morro verde!

Eu sabia que ele estava levando meu grande amigo, e, para minha surpresa, nesse exato momento, da janela, deu uma parada e olhou para mim.

Na hora lembrei-me da mesma paradinha quando participei da partida do espírito de minha avó, no hospital Luz Divina.

Não consigo acreditar na morte com experiências como essas.

A morte para mim não existe!

Nesta vida já "vi" tantas vezes o espírito largar o corpo, seja de humano ou de animal, que para mim isso é fácil de conviver.

Todas as vezes eu choro, porque vejo a maravilha de Deus em ação, a oportunidade do renascimento, e também porque sou manteiga derretida.

Sabia que voltaria a encontrar Chuchuco, outros gatos meus já voltaram para dizer que tinham morrido e não voltaram mais.

Chamei a veterinária e disse:

– Atende, porque acabou!

Ela veio, olhou o Chuchuco e falou:

– Nossa, ele estava só esperando você, porque estava tendo espasmos de morte física.

Recolheu-o do meu colo e falei:

– Quero-o numa caixa para enterrá-lo no Vale Encantado.

Saí da sala sem tecer comentário nenhum. Mesmo ela sendo uma boa veterinária, não ia entender minha comunicação com o mundo espiritual.

Essa clínica fica numa casa instalada numa cidade vizinha.

Saí dali, atravessei a rua e sentei na calçada encostada na parede de um prédio para esperar a caixa do Chuchuco e também para não me verem chorar.

Esperei por volta de quarenta minutos, e nesse tempo, ali mesmo, orei por todos os animais que estão internados sofrendo por algum motivo.

Os abandonados, os que passam fome, os maltratados pelo homem que ainda não é um ser humano.

De repente, em cima do telhado da clínica, "apareceu" uma espiral de luz branca e contorno violeta.

A espiral se expandiu e "vi" surgir uma escada larga e ampla, toda de mármore, com um belo corrimão.

Chuchuco subiu nela, parou no meio e ficou olhando para mim.

Se eu estava me acalmando no choro, com o aparecimento dele, e consciente, aí então quase me acabei de soluçar.

Logo atrás do Chuchuco, no início da escada, segurando com a mão direita no corrimão e o pé direito num degrau acima, estava Lomsang Rampa, parado também, olhando para mim.

Telepaticamente, ainda falei para Chuchuco mais algumas coisas, como:

– Obrigada por tudo! Cuide-se, meu amigo! Que bom que você está consciente bem rápido! Venha me visitar!

E se foram escada acima.

Era uma manhã de pleno sol, o céu estava lindo e um vento gostoso e fresco vinha do mar, com cheiro de iodo.

Não levou muito tempo veio a proprietária da clínica perguntar se estava tudo bem, me oferecendo um copo de água com açúcar.

– Não, obrigada. Estou bem. Apenas estou feliz em saber que meu amigo está bem acompanhado e eu podendo participar de toda essa grandiosidade do Pai Todo-poderoso.

Diante da minha curiosidade em saber até onde as pessoas têm percepção do espiritual, não resisti e perguntei:

– Você tem noção de que os espíritos dos animais que morrem em sua clínica são encaminhados para o plano espiritual por seres altamente espirituais?

Ela olhou para sua empresa, deu de ombros e respondeu:

– Penso que eles têm de ir para algum lugar.

"Senti" que ela não alcançava minha pergunta, e senti também que ela já deveria ter perdido muitas experiências por causa disso. Encerrei o assunto.

Peguei a caixinha com Chuchuco, levei seu corpo para o sítio Vale Encantado e lá ele está enterrado, com todas as honras espirituais.

Levei um tempo para espaçar as lembranças dele. Sempre que conversava com alguém sobre animais, tinha necessidade de lembrar o grande amigo que foi.

Um dia, deitada em minha cama, "vi" um vulto de homem entrar pela parede, na cabeceira da cama, e colocar Chuchuco de surpresa sobre a minha barriga.

– Chuchuco!!! Você veio me visitar?

Foi uma festa!

Matei a saudade dele amassando pão no meu colo. O vulto que o trouxe era Lomsang Rampa, novamente.

Muitas vezes ele veio me visitar, trazendo alegria com sua presença, e eu parei de chorar de saudade.

Não quis mais animais de estimação em casa. Volta e meia mamãe Calixta telefonava:

– Estou com um gatinho lindo abandonado na porta de casa. Você quer?

– Não mãe, não quero mais sofrer quando eles se vão!

E assim foi por dois anos.

Sete meses atrás eu estava conversando com o senhor Sérgio, meu vizinho, quando, na rua, entre dois carros estacionados, aproximou-se um gato pequeno, roçando o corpinho entre nossas pernas.

Na hora falei:

– Senhor Sérgio, não estou vendo nada. Não tenho tempo para cuidar de gato pequeno e estou entrando. Tchau!

– Eu também. – respondeu ele.

E corremos um para cada lado!

Entrei em casa, fechei a porta de vidro atrás de mim, e, quando me dei conta, ele estava do meu lado, olhando para mim, como quem diz:

– Cheguei... Miau!

Olhei melhor para ele, todo branco, de olhos azuis rasgados como chinês, estrábico, por volta de quatro meses. Até que era bonitinho. Perguntei:

– O que você quer?

– Miau! – foi a resposta.

Ele olhava para meus olhos, e não para minhas pernas, como normalmente fazem os gatos.

Já percebi que era inteligente, e tinha um "ar" de quem sabia o que queria.

Voltei, abri a porta e fui para a calçada para ver se ia embora.

Ele se sentou do meu lado e ficou aguardando.

O telefone tocou. Entrei rápido para atender e o gato foi junto.

Desliguei e fiquei parada olhando para ele. Não tinha curiosidade pela casa; queria ficar perto de mim. Olhava tudo, mas sua atenção estava voltada para a minha pessoa.

Fui até o quarto pegar um casaco, pois estava frio, e sentei na cama. O gato pulou na cama, sentou-se na minha frente, me olhando. Nesse instante Chuchuco pula no meu colo e logo "vejo" Lomsang Rampa atrás dele.

– O que você está fazendo aqui, Chuchuco?

– Vim trazer um amigo meu.

Olhei para o gatinho:

– Não vai me dizer que é este aqui!

– É!

– Mas Chuchuco, não tenho mais paciência para ficar ensinando gato pequeno a fazer as necessidades nos lugares certos, limpar a bagunça...

– Não vai ter trabalho. Ele aprende rápido, é inteligente, daqueles que você gosta!

– Então foi você que me aprontou essa!

– É, você está precisando de um gato novamente, e ele é bem bonzinho. É meu amigo.

Olhei para trás, para Lomsang Rampa, e ele ergueu a sobrancelha, querendo dizer:

– Aí está. Foi Chuchuco que trouxe o amigo.

Olhei novamente para Chuchuco, em dúvida:

– Está bem, eu fico, mas se for gato burro logo mando andar...
– Você não vai se arrepender.

Foi só aí que peguei o gatinho no colo e fomos para a cozinha arranjar comida.

Não "vi" mais Chuchuco. Provavelmente voltou com seu mestre Lomsang Rampa para o mundo espiritual.

O nome do novo amigo ficou Mingau, por ser branco. Realmente ele aprende as coisas que ensino com bastante facilidade.

Estou feliz por ter o Mingau em casa, e ele adora passear de carro, porque sabe que vai passar o dia no sítio Vale Encantado atrás das borboletas.

As travessuras de Mingau são maravilhosas.

Obrigada, Chuchuco!

Mensagem

Chaolin mostrou-se ser um grande parceiro junto ao meu trabalho e aos mestres.

Após o seu falecimento, sempre acompanhado do seu cuidador, Lomsang Rampa, ele muitas vezes veio me visitar, trazendo seus amigos físicos na intenção de que ficassem comigo em minha residência.

Meu sentimento para com Chaolin é tão bonito que, quando percebi que seu ciclo chegara ao fim, eu o libertei, conversando carinhosamente com ele sobre isso.

Amar verdadeiramente é libertar!

O dedo azul

Meu casamento já se encontrava nos últimos suspiros, e, para fugir da presença energética e física do marido, eu fugia para a praia (Balneário Camboriú), para o nosso apartamento.

Era ali que lia os livros que meu marido proibia, como a Bíblia, a história de vida dos apóstolos e suas encarnações.

Meu filho era pequeno, e para ele ter companhia da sua idade convidei uma coleguinha da escola com a mãe, que também era minha amiga de leitura e papo sobre espiritualidade.

Para minha expansão de conhecimento foi muito importante a ligação que me foi mostrada com a ufologia (de luz, dentro da proposta de cura para os seres que vivem no planeta Terra).

Joelina foi a pessoa que me mostrou isso, levando-me para o 1º Congresso Internacional de Ufologia.

Foi nesse congresso, no painel de fotografias de seres do Universo, que reconheci alguns que me visitavam para conversar e ajudar no tratamento de meus pacientes.

Joelina era culta e indicou bons livros. Não levei muito tempo para devorar tudo sobre essa área, entendendo melhor a espiritualidade pobre que as religiões, com seus dogmas, colocam para os fiéis.

Povo burro é mais manipulável!

Foram férias maravilhosas de quinze dias, nós quatro na praia, falando e vivendo na alegria da espiritualidade.

Joelina tinha o talento de sensitiva mais voltado para a percepção e *flash* de vidência.

Eu, para audição e vidência de continuidade totalmente aberta.

Sentávamos na mureta do prédio, olhando para a energia das pessoas que vinham em nossa direção, e quem falava de mais vidas passadas da pessoa ganhava um ponto.

Certa manhã subi da praia e comecei a fazer o almoço antes de eles chegarem. Logo depois, quando chegaram, servi o almoço e começamos a rir na mesa por uma bobagem que as crianças tinham falado. De repente "vi" anjos na sala, pairando no ar de roupa comprida.

Deslocavam-se de um lado para o outro, volitando como que nadando num mar de ar.

– Estamos recebendo visita... – falei.

– De quem? – uma das crianças perguntou.

– De alguns anjos vestidos de azul! – eu, com a boca cheia de comida e os "olhos" acompanhando os seus movimentos, relatava.

As crianças repetiram o que falei e ficou parecendo uma conversa-brincadeira.

Joelina não gostou. Seu tom de voz estava diferente, e ela retrucou em leve tom de repressão.

Foi aí que meus olhos se voltaram para a imagem física dela e "entendi" que ela estava achando que eu mentia!

Na hora, sem hesitar, afirmei:

– Não estou mentindo. São quatro anjos vestidos de azul, com asas, e voam de um lado para o outro.

– Bom, Mara, acontece que, como você está passando por um período difícil, de separação conjugal, é normal fantasiar para se sentir mais aliviada, mas comigo você não precisa fazer isso. Eu entendo a situação...

Por um milésimo de segundo veio em minha mente que minha vida foi provar para a família o que eu "via", e isso não adiantou nada!

Para meus amigos também!

Meu marido morria de medo do que eu poderia saber sobre as coisas erradas que ele fazia, e agora essa amiga achando que eu estava mentindo?!

Que saco!

Por um instante, tive vontade de virar aquele tampo de vidro da mesa onde almoçávamos, mas me controlei.

– Não estou mentindo. – retruquei, falando alto. – E posso provar, já!

Levantei-me da cadeira, fui até um dos anjos e, com o dedo indicador, toquei na vestimenta, riscando o dedo para baixo.

Na hora o dedo ficou fisicamente em tom azul intenso, parecendo uma lâmpada fluorescente.

Ergui-o e mostrei a ela.

– Olha aqui a minha mentira! Isso é suficiente para você acreditar em mim?

Naquele instante começou em mim um choro triste e calado.

Era sempre a mesma coisa: provar o invisível para não ser chamada de doida. Depois que era provado, ficavam com medo de mim.

Estava isolada da mesma forma.

Quando Joelina "viu" meu dedo azul daquele jeito, botou a mão na boca e disse:

– Meu Deus! É verdade! Mara, me desculpe! Eu não pensei...

Levei meu dedo indicador direito para mais perto dela e enfiei no seu nariz.

Fui invadida por uma profunda decepção, porque até então ela era a única pessoa a quem eu podia confidenciar, sem medo, minhas "visões".

Nesse dia tive certeza de que a aluna tinha superado a professora, e nunca mais confidenciei coisas fortes para ela.

Não preciso dizer que a amizade intensa morreu, mas sou grata por tudo que veio daquele SER maravilhoso.

Logo mais adiante tive outras experiências de precipitação que também foram fantásticas.

Relutei muito em escrever tudo isso, pois ainda não sei a reação de um pré-humano em relação à precipitação no nosso planeta, mas tenho certeza de que tenho de colaborar para essa mudança. O que posso fazer é contar na íntegra o que "vejo" e "ouço" ao longo desta vida.

Expandir o inconsciente é um treinamento de muitos anos e até encarnações, e o Ocidente ainda não está bem estruturado para isso; está indo aos trancos e barrancos.

Fiquei muito feliz quando Gasparetto entrou na TV no Sul do Brasil. Foi uma forma iniciante e maravilhosa de contribuir para tirar a cortina da ignorância dos olhos da alma.

Mensagem

Numa época em que o mundo lê livros espíritas e assiste ao filme sobre a vida de Chico Xavier, sabemos como são necessárias, ainda, as tais "provas físicas", as evidências para que pessoas ditas "normais" aceitem Deus.

Essa experiência me ensinou a acreditar mais em minha própria clarividência, já que eu era muito desqualificada em minha região e junto às pessoas com as quais convivia.

Ouça quando crianças a seu redor falarem de coisas muito diferentes. Evite críticas e julgamentos a partir de seus egos. Você estará ajudando muito mais essa criança se a ouvir. A vida de Chico Xavier é a prova disso.

A libertação de dona Waltrud

Fui procurada em Balneário Camboriú por uma mulher pedindo ajuda para sua mãe, que tinha muita idade.

Chamava-se Alexia, tinha 56 anos de idade, também de família de origem germânica assentada por muito tempo no Vale do Itajaí.

Alexia morava em São Paulo, mas tinha ido tentar a vida naquelas paragens quando ainda jovem e por lá ficou. Solteira até então, era aposentada como secretária bilíngue no ABC paulista.

Eram férias de fim de ano, e ela estava na cidade visitando os parentes, tratando da situação da mãe, quando se lembrou de mim, para trocarmos algumas ideias sobre o destino de sua idosa e doente mãe.

Alexia alegava que ela e seu único irmão mais velho não estavam conseguindo mais arcar com as despesas dos remédios, da enfermeira, do apartamento onde sua mãe se encontrava.

dona Waltrud, com 96 anos, além de outras doenças, tinha diabetes e, em decorrência disso, complicações circulatórias.

O médico já havia amputado uma perna do joelho para baixo, e o último diagnóstico mandava amputar as duas pernas totalmente.

Seria uma cirurgia para tentar melhorar a vida da mãe, mas sem perspectiva de sucesso.

dona Waltrud, segundo sua filha, na maior parte do tempo, ao longo do dia, ficava inconsciente. Nas poucas vezes em que se encontrava consciente, ela apenas ouvia, não falava mais.

Combinamos que naquela semana eu iria sozinha fazer uma sessão com dona Waltrud em sua residência.

Peguei o endereço e lá fui eu.

Fui recebida gentilmente pela enfermeira, que me pediu que aguardasse na sala, pois dona Waltrud estava no banho.

Entrei, foi fechada a porta atrás de mim, e tive o primeiro impacto no ambiente: um forte odor de carne humana podre.

A enfermeira se ausentou da sala e eu corri para as enormes janelas abertas, mas não adiantou. Era um cheiro muito forte.

Dei início ao controle dos pensamentos para não vomitar e comecei a meditar ali mesmo, de pé, ao lado da janela, com o nariz para fora o mais que podia.

Fiquei tonta, mas aguentei firme e controlei meus pensamentos.

"Vi" que entrou na sala, vinda do quarto, uma senhora de aparência de uns 50 anos, apoiando a mão direita numa bengala.

Virei meu corpo para ela e dei alguns passos em sua direção, aguardando que se manifestasse.

Vestia uma saia marrom castor, chinelos para idosos, uma blusa de lã fina bege de mangas compridas. Seu cabelo era curto, cobrindo até a metade das orelhas e de cor branco amarelado.

Era baixinha e reforçada, mas não gorda, com cara de enfezada, ar autoritário e controlador. De modo grosseiro, perguntou:

– O que você está fazendo na minha casa?

Imediatamente e com meio sorriso nos lábios, respondi:

– Vim visitá-la! – identifiquei o espírito de dona Waltrud.

– Como você veio me visitar se não te conheço?

– Mas conheço seu filho e sua filha Alexia. Aliás, vim a pedido dela.

Percebi que ela franziu a testa, não entendendo ou fazendo alguma confusão interna, e foi aí que entrei de sola:

– A senhora tem consciência de que saiu do corpo físico e que está no quarto, sendo banhada pela enfermeira, para vir aqui falar comigo na sala? A senhora tem consciência, já olhou bem para sua casa física, e percebeu como ela está precária? Para não dizer apodrecendo? Já percebeu o cheiro de podre que tem sua casa de alvenaria? Já percebeu que quando sai do corpo não precisa mais usar bengala, mas mesmo assim a usa? E sabe por que tudo isso acontece? Eu mesma lhe respondo: apego! Não quer largar o corpo físico.

Ela encheu os pulmões, deu início ao ato de estender o braço esquerdo, direcionando-o para a porta, e gritou em alemão:

– Fora! Saia da minha casa!

Olhei nos olhos dela calmamente, passo a passo me direcionei para o jogo de estofado da sala de três peças, todos sem descanso para os braços, e me sentei, ajeitando a bolsa no colo. Perguntei:

– Quando foi a última vez que a senhora orou a Deus? Quando foi a última vez que pediu a Ele para ajudar a eliminar esse ódio, rancor e mágoa do seu coração? Quando foi a última vez que pediu a Deus pelas suas desavenças?

A mulher deu um tempo a si mesma, sentou na ponta da poltrona, segurando com uma das mãos a volta superior da bengala e a outra no corpo desta. Com um imenso ódio faiscando pelos olhos, e as palavras soletradas, disse:

– O que você tem com isso?

Tranquilamente, respondi:

– Tudo, mais do que a senhora pensa!

Nesse instante ouvi a enfermeira mexer em algo no quarto e achei que se tratava do corpo físico de dona Waltrud, porque ela retornou bem rápido para o quarto, sem poder responder a minha pergunta.

Logo em seguida veio a enfermeira, que me disse que dona Waltrud já estava pronta e, se eu quisesse entrar para vê-la, não tinha problema.

– Ela está consciente?

Não.

– Então virei outra hora, pois gostaria de conversar com ela consciente.

– Ah, entendo. A Dona Alexia disse que a senhora é espírita...? – perguntou, mas queria saber o que eu queria realmente.

– Não sou espírita. – respondi. – Mas, para entender melhor, vamos dizer que sim.

Fui me dirigindo para a porta, e o papo se encerrou por ali.

A enfermeira, também uma senhora, fedia a carne humana podre misturada a fezes, e preferi não lhe estender a mão.

Controlando meu estômago, frágil para odores dessa natureza, fiz uma saudação indiana para a mulher. Com as mãos empostadas no meu peito, pulei fora do apartamento o mais rápido que pude.

O prédio não tinha elevador. Os corredores e as escadarias eram largos, e para mim foi uma bênção, pois corri como um raio ao encontro do jardim, no térreo.

Encostei-me no poste de energia elétrica e vomitei o que tinha e o que não tinha no estômago. Mesmo assim o cheiro não passava.

Retornei a pé para casa, procurando pelas calçadas qualquer vento vindo do mar para ver se aquele cheiro saía do meu nariz.

Ao chegar em casa, que não era muito longe dali, fui direto para a frente da máquina de lavar roupa e me desnudei diante dela, pondo toda a roupa para lavar.

Enfiei-me embaixo do chuveiro e, com bucha vegetal e sabonete, esfreguei todo o meu corpo, inclusive a cabeça.

Uma semana depois, pela manhã, "senti" que deveria voltar e concluir meu trabalho, pois dona Waltrud estava consciente.

Retornei na mesma manhã, e, ao abrir a porta, a enfermeira informou que ela estava consciente.

Fui conduzida até o quarto e me coloquei no lado esquerdo da paciente, que estava numa cama de hospital, própria para pacientes na sua condição.

Olhei para seus olhos azuis claríssimos, como duas contas marinhas perdidas ao léu, que enfeitavam aquele rosto branco como neve europeia.

Sua cabeça tinha uma acentuada posição, voltada para a direita, que não conseguia mais retornar. Os volumosos travesseiros davam um bom suporte para que ficasse, na medida do possível, acomodada.

O cômodo e o próprio apartamento não tinham mais aquele odor forte, como da última vez, e a roupa de cama, de puro algodão, era farta e branca.

Olhei para a enfermeira e perguntei, em tom baixo, seu nome.

– Maria. – respondeu, olhando com sentimento para dona Waltrud.

"Vi" seu chakra cardíaco mudar de cor e se ressentir pela condição da paciente.

– Faz muito tempo, Maria, que você cuida dela?

– Faz. É minha criança, já me acostumei. Gosto de cuidar de idosos, já cuidei de muitos.

Respondia e a arrumava sobre o lençol farto da cama.

Inesperadamente, perguntou-me:

– Quer um café? Passo num instante.

– Não obrigada, lhe sou grata, mas tomei assim que saí de casa.

– Então vou passar um para mim, enquanto a senhora conversa com ela.

– Está bem.

Deu dois passos e perguntou:

– Quer uma cadeira? Sentar um pouco?

– Obrigada, Maria, estou bem.

E se ausentou do espaçoso quarto.

"Vi" os irmãos espirituais chegarem. Eram dois homens magros, e, assim que pararam perto de mim, perguntei em pensamento:

– Irmãos, o que acontece com a irmã Waltrud, que não quer largar o corpo físico? É carma ou Egos, ou as duas coisas?

– Pois é, irmã, não sabemos.

– Então vamos ajudá-la para seu bem, porque o médico quer amputar as duas pernas inteiras. É mais sofrimento, e a família não tem dinheiro para pagar.

Eles me ouviram e se compadeceram com o que estava acontecendo. Não eram da assessoria que trabalhava comigo, mas é normal isso acontecer quando atendo pacientes.

– Gostaria que os irmãos me ajudassem no que for preciso para a solução deste caso. Chamarei os Senhores do Carma, o mestre da dona Waltrud, para termos uma solução.

Olhei para eles e perguntei:

– Certo?

Responderam que sim, movimentando as cabeças e olhando fixo para ela.

– Bom dia, dona Waltrud! Sou Mara Brattig e vim fazer uma visita para a senhora. – iniciei em voz alta, no idioma alemão, sempre olhando nos seus olhos azuis.

Dei uma longa parada respiratória para perguntar para o meu "Eu Sou" como ele queria que entrasse no assunto.

Veio laconicamente a palavra "AMOR".

Prossegui dizendo:

– Vim falar com a senhora sobre AMOR.

Imediatamente, ao ouvir esse som, seus olhos viraram para mim e seu corpo físico estremeceu todo, como se estivesse recebendo um forte choque elétrico.

Os irmãozinhos ao meu redor olharam para mim e para ela com os olhos arregalados, assustados pelo que viam.

– Gostaria que olhasse para seu corpo físico com AMOR e não com apego. Gostaria que levasse em consideração que, ficando apegada ao corpo físico, a senhora tem sofrido demais. Seus filhos não aguentam mais vê-la nesse estado. O médico quer amputar suas pernas totalmente porque seu corpo não aguenta mais. Nós todos, inclusive eu, temos um Pai Espiritual que se chama Deus e que quer o seu melhor, e a senhora não permite. Não permite. Seu coração, ao invés de estar acionado ao AMOR, tem registro de mágoa, ódio, rancor, insatisfação, muita coisa que não é boa. E com isso a senhora está ficando no sofrimento sem se permitir conhecer o lado bom de estar em espírito nas cidades espirituais. Poderá reencontrar seus amigos, parentes, seu mestre, ir à escola, preparar-se para uma futura e melhor reencarnação. Para renascermos precisamos entender que um ciclo terminou, e para isso temos que liberar o apego. Liberte-se, dona Waltrud! Deixe o seu AMOR se manifestar dentro da senhora.

Nesse instante vi uma única lágrima rolar no canto do seu olho.

Entendi que atingi o ponto desejado e "vi" uma forte LUZ branca em tubo descer direto no chakra cardíaco. Foi religada a LUZ.

Até aquele instante, de forma muito estranha, aquela mulher não estava conectada com o UNO, por isso agia dessa forma, não conseguindo fechar o ciclo.

Despedi-me dela sabendo que, mesmo com muitas dúvidas, decidiria desapegar-se do corpo físico.

Uma semana depois, dona Waltrud subiu para o andar superior, e a família não me informou de sua morte.

Em função de a cidade ser pequena, soube através de terceiros, e fiquei muito feliz pela libertação dela.

Sua vida era muito sofrida.

dona Waltrud nunca veio em espírito conversar comigo como outros fizeram, mas tenho certeza de que está aprendendo belas coisas.

Mensagem

Esta mensagem proporciona um maravilhoso momento de reflexão sobre o desapego.

Vale lembrar, com bastante intensidade, que devemos aprender a nos desapegar da nossa casa física e dos bens materiais.

Isso quer dizer o quê? Saber o momento do término do ciclo nesta casa física, sem ser escravo de sentimentos não virtuosos.

dona Waltrud tinha conhecimento espiritualista, mas não queria largar aquele corpo podre, o que causava sofrimento para sua família e para ela mesma. Ou seja, tinha uma história no mundo espiritual para executar, rever amigos, mas seu apego ao mundo da matéria fez com ela demorasse a entender e a se desligar deste planeta.

O curso no Hotel Momentum

Fui convidada para um curso espiritualista de uma palestrante carioca em Florianópolis, no Hotel Momentum, em 1996. O curso foi bem recomendado, e fomos num grupo de médicos e terapeutas amigos.

Ela iniciou com um exercício numa bacia contendo água e depositada no centro de uma longa mesa, sem toalha.

O exercício pedia que grandes grupos de pessoas ali presentes se aproximassem da mesa, circundando-a.

O salão onde estávamos era enorme, e senti que não deveria me aproximar tanto da mesa. Deveria ficar fora do círculo de pessoas. Na movimentação, para não ser prensada por eles, fui dando passadas para trás e "ouvi" alto uma voz que dizia: "sai rápido fora do círculo".

E assim fiz!

As luzes mais fortes do salão foram apagadas, ficando na penumbra. Eu já estava fora do círculo formado.

À medida que o som ia invadindo a sala, tocando Valkirias, "vi" um homem grande montado num belo cavalo preto, a galope, aproximando-se do grupo pelo corredor central do salão.

De costas para ele, "senti" que vinha e iria me atropelar se não saísse da frente bem rápido.

Quando me dei conta, já estava com um enorme bastão na posição de me derrubar pelas costas.

Estava vestido com traje oficial de torneio, e o enorme bastão sem ponta era para derrubar, de outro cavalo, o cavaleiro nos jogos.

– Oh!... Bicho doido... – falei em voz alta, tentando reconhecer o artista.

A roupa do personagem era justa e de cor escura, definindo seu corpo atlético. Na cabeça ele tinha um adorno de proteção em metal, e na mão também.

Segurava o bastão firme ao longo do corpo do cavalo. Esse cavaleiro, a galope, ultrapassava o grupo ali presente e a parede do salão de conferências dando uma forte freada a seco, cuspindo o pó para bem longe das patas do animal. Parecia talco jogado ao léu.

Saiu da sua dimensão e entrou na nossa com suntuoso estardalhaço.

Deu a volta na mesa pela esquerda, em trote, e se posicionou calmamente atrás da aglomeração, em posição de respeito para com todos ali presentes na reunião.

Por estar montado no cavalo, encontrava-se num nível mais alto que todos, e eu, de onde estava, via perfeitamente a pessoa dele e todos os outros.

Seus olhos eram extremamente profundos, expressivos, e o branco ocular brilhava à luz de vela acesa na ponta da mesa.

Depois de ter observado a fisionomia de todos os presentes, sem movimentar muito a cabeça, olhou para mim e, telepaticamente, em tom incisivo, afirmou:

– Descreva em voz alta o que está vendo!

Extasiada com a grandeza daquela cena, ao vivo e em cores, não querendo perder nenhum movimento, por um instante sequer, comecei a tremer de medo por pensar que estava inserida naquele contexto.

Tive ímpetos de fazer de conta que não "ouvia nem via" nada, para passar despercebida.

A palestrante continuava falando e agradecendo aquele curso, e eu observando o cavaleiro e seu cavalo.

Dois momentos acontecendo ao mesmo tempo, e eu apreciando aquela realidade nunca vista antes.

Não demorou muito e o cavaleiro me olhou novamente, parecendo ouvir minhas intenções e severamente "senti", "ouvi" e "vi" suas palavras:

– Comece a falar o que está vendo! Agora!

Tremi por inteiro! Gaguejando muito, não encontrando as palavras adequadas, falando muito baixinho, comecei:

– Estamos recebendo a visita de um ser de outra dimensão e se me permitirem preciso descrever.

A palestrante provavelmente ouviu alguém paralelamente falando e parou, dizendo:

– Alguém quer se comunicar?

– Sou eu! Posso?

Ela não abriu os olhos e respondeu:

– Quem é você?

– Sou Mara Brattig e estou sendo pressionada a descrever, através da vidência, o que está acontecendo no salão.

– Filha, fique à vontade e fale mais alto para todos poderem ouvir.

Algumas pessoas que estavam perto de mim voltaram-se para me identificar, mas outras não, permanecendo em seus lugares.

Comecei descrevendo a entrada do cavaleiro, o cavalo e o que ele doava para algumas pessoas naquele grupo.

Com sua longa lança tocava o peito de alguns (chakra cardíaco), no mesmo instante a energia delas se tornava um branco lindo e incandescente.

Em outras ele colocava colares, braceletes, pulseiras, brincos, e, no mesmo instante em que esses adornos eram colocados, ficavam totalmente brancos e brilhantes.

A joia colocada era de ouro, mas, em contato com o corpo ou com a energia das pessoas, se transformava em branco total.

Era lindo de "ver"!

Foram também transmitidas mensagens para alguns dos presentes, e fiz com facilidade a tradução.

Depois de descrever tudo isso, a palestrante interveio e perguntou se ele trazia alguma mensagem para ela.

Olhei para o cavaleiro e ele não se manifestou, sequer olhou para mim. Interpretei como não tendo mensagem!

Terminada a fala do cavaleiro, ele permaneceu quieto no lugar. Então, no meio da mesa, abriu-se um clarão.

Como estava longe, tive de me aproximar para constatar de onde vinha.

Era da água da bacia!

De repente, do meio daquela luminosidade, a água começou a se levantar como tendo inteligência própria. Levantou-se no ar, sem formato nenhum, numa distância mais ou menos de 1,9 m de altura.

Meus olhos ficaram arregalados e foram "vendo" a água lentamente se transformar num ser.

Tudo isso acontecendo e eu descrevendo para o público.

Esse ser era uma moça de cabelos negros, lisos, além dos quadris femininos. Sua pele era branquinha como leite, de anatomia esguia, lembrando a personagem Pocahontas. Leve e doce como ela!

Saiu daquela água com as duas mãos no alto da cabeça, em postura de dança ao som do CD que tocava no salão.

Fiquei embevecida em "ver" a água levantar no ar, e essa mesma água aos poucos se transformar em um ser humano dançante.

Ficou somente com os pés até os tornozelos dentro da água e se agachou. Com as duas mãos em formato de concha, pegou a água da bacia e arremessou aquela água para o alto, caindo ao encontro das pessoas.

Quando a água era arremessada para cima, era a mesma água da bacia; quando vinha caindo, transformava-se em minúsculos pontos de luz que eram absorvidos pelos corpos físicos das pessoas ali presentes.

Todo o tempo o cavaleiro ficou quieto, com a cabeça baixa, num ato de respeito ao que acontecia.

Depois de inúmeras vezes ter jogado água de luz em todos, ela parou e foi diminuindo de tamanho e voltando para dentro da água da bacia, como se estivesse se enterrando naquele líquido.

O clarão, por sua vez, foi diminuindo até se apagar.

Olhei para o homem montado no cavalo. Ele também se retirava do ambiente, andando normalmente.

– Ei... Ei, você do cavalo... Espere, quero falar com você! – gritei em pensamento, indo atrás dele.

Mas foi em vão. Ele não atendeu ao meu chamando e foi desaparecendo através da parede do salão. Minha vidência não o alcançou mais.

Fiquei parada sozinha no meio do corredor do salão; as pessoas vindo ao meu encontro chorando, querendo se confraternizar.

Foi muito lindo, mas o que eu realmente queria era montar também naquele cavalo e passar para a dimensão de onde vinham e conhecer mais.

Jamais esquecerei as cenas do cavaleiro montado naquele belo cavalo.

Mensagem

O processo de cura não se restringe ao atendimento na maca, dentro de um consultório. A cura pelos seres do vento, da água, do fogo, do ar, dos reinos animal, vegetal e mineral pode ocorrer em qualquer lugar, desde que existam as condições básicas necessárias para isso.

O que foi presenciado nessa palestra no Hotel Momentum foi exatamente isso. Fui utilizada para descrever o que acontecia no cenário espiritual, que era a cura para os presentes.

Mais uma vez observamos o mundo espiritual usando todas as técnicas possíveis e imagináveis para proporcionar uma evolução de Luz.

A cura com os florais de Bach

Quando entrei para trabalhar no Espaço Amethista, no segundo semestre de 2008, em São Paulo, vinha de um ano muito difícil. Tive de me defrontar com energias pesadas para manter a chama da LUZ acessa em mim mesma.

Isso me desgastou muito, e eu estava enfraquecida.

Fui orientada pela terapeuta naturalista, minha amiga Edna, a tomar florais de Bach, ministrados por ela mesma.

Num primeiro momento tive uma reação de resistência, mas depois reconsiderei.

Lembrei que anos atrás havia tomado florais que não eram de Bach, ministrados por dois profissionais diferentes, e a reação foi de desequilíbrio.

Lembrei também que aqueles profissionais eram somente técnicos racionais e que, para me atender como paciente, o profissional precisa ser pelo menos um bom canalizador e/ou um bom sensitivo para acertar no ponto o que devo tomar.

Lembrei também que Edna é uma excelente sensitiva!

Limpei a mente e disse:

– Vamos lá, garota!

Por sugestão, ela disse:

– Por que você não deixa seu espírito ou seus assessores escolherem o que você precisa tomar?

Olhei para ela e respondi:

– Boa ideia.

Edna colocou a caixinha das essências de florais de Bach na mesa bem na minha frente e proferiu:

– Escolha, fique à vontade.

Sentada na ponta da mesa da cozinha, levantei meu braço direito e, com a mão, fechei os olhos físicos; mentalmente, invoquei o meu "EU SOU".

Que fossem escolhidas as essências que minha alma ou meu espírito precisava tomar naquela hora.

E assim foi escolhido o primeiro frasco.

Retirei o vidrinho fechado e apertado em minhas grandes mãos e levemente fui soltando. A sensação era maravilhosa, era vida pulsando naquele vidrinho.

Na escolha do segundo frasco fiz a mesma coisa, também foi fascinante.

– Edna! É só assim, eu que escolho?

– Para você estou fazendo assim; com os meus pacientes é diferente.

Em seguida ela preparou as essências e comecei a tomar as primeiras gotas.

Foi incrível. "Senti" que meu corpo queria mais.

– Edna, tem algo errado. "Senti" meu corpo querendo mais.

– Quanto mais? Explique melhor.

– Tenho sede desse líquido, como se estivesse no deserto. Quero uma banheira cheia dessa água para deitar dentro.

– Então sacie a sua sede tomando mais seguidamente, ao invés de quatro gotas, três vezes ao dia, tome quatro gotas de dez em dez minutos.

– Ah! Então posso fazer isso?

– No seu caso pode. Você precisa se fortalecer.

– Entendi.

Fiquei sedenta o dia inteiro; à noite parou.

Fui para o hotel em que estava hospedada com o meu vidrinho na bolsa, e não aconteceu nada, além de ter dormido bem a noite inteira.

No dia seguinte arrumei a cama, fui tomar café, retornei ao quarto e sentei para minhas orações e decretos.

Tive uma surpresa: "abriu" uma janela no meu campo de energia do lado direito na altura do meu rosto e "vi" duas flores diferentes penduradas em seus ramos conversando sobre a minha pessoa.

A que estava mais perto de mim era de cor rosa avermelhada e convidava a outra, de cor amarela, para ajudar o meu espírito.

É muito interessante e engraçado você "ver" duas flores falando a seu respeito. Elas viravam uma para a outra como se vira a cabeça para conversar com alguém.

Pareciam duas comadres tagarelando a respeito da outra que não estava bem.

Comecei a rir sozinha e a observá-las atentamente, esquecendo das orações.

Passei uns quinze minutos observando aquelas flores. O som algumas vezes emudecia, ficando somente a imagem em movimento, mas entendi que queriam me ajudar e fiquei feliz por isso.

"Ver" um desenho animado de flores que falam sem a televisão convencional estar ligada é muito legal.

O quadro (janela) se fechou e saí correndo para o trabalho.

Quando cheguei, comentei com Edna o acontecido e pedi que mostrasse as cartelas das flores para identificar as flores que tinha "visto".

Eram elas mesmas, identifiquei com facilidade, mais uma vez encantada com a sabedoria de Bach em deixar esse fantástico legado para o planeta Terra.

As flores conversando que "vi" são: Rock Rose, o remédio da Salvação, do herói. Meu herói estava cansado!

Com essa essência são trabalhadas as qualidades da alma, gratidão, harmonia e entrega.

Ela é apropriada para aqueles momentos nos quais passamos por grandes provas em nossa alma e temos de estar prontos para agir.

Os benefícios que recebemos ao utilizar essa essência consistem no fato de ela penetrar pelos nossos pés, chegando a nossas entranhas e harmonizando nossos movimentos peristálticos com o entendimento dos sentimentos mal resolvidos.

A outra flor foi Wild Rose. Tem uma energia que trabalha o nosso emocional e traz o mais puro Amor, dando-nos a alegria de viver.

Com as dificuldades que tinha passado no início de 2008, meu herói, se já não estava morto, agonizava.

Sem alegria de vida, como poderia continuar?

Não era para menos que queria uma banheira cheia de água de herói e alegria de viver.

Meu espírito queria a cura, voltar a ser a pessoa alegre e brincalhona que sempre fui.

Naquele dia estava bem melhor, e meu herói jogava a roupa de enterro fora, para bem longe.

Ufa! Obrigada, Dr. Bach, foi por pouco! – pensava eu, em voz alta.

– Wild Rose – continuava Edna a falar com aquela voz calma e doce – é a essência escolhida como símbolo dos florais, modelo de AMOR que Dr. Bach quis nos doar através de todas as outras flores.

Como o mundo sutil da energia e da essência das plantas está vivo e ativo através de pequenas gotas para interagir na cura do homem!

Eu estava começando a conhecer Bach através de suas flores e seus efeitos.

Edna e eu estávamos em seu consultório, sentadas ao redor de sua mesa, ela ao lado do computador e eu na cabeceira, e através da janela tínhamos uma imagem do céu e do telhado dos outros sobrados.

Ficamos em silêncio. Eu refletia sobre aquelas flores falando entre si e sobre a grandiosidade do trabalho desse médico.

O momento era mágico e curativo para mim.

Não queria sair dali, e o degustei até o último instante, quando a secretária me chamou, informando da chegada do paciente.

Fui atendê-lo na outra sala.

Passei a semana toda em São Paulo e vim embora.

No mês seguinte retornei, e meu floral já havia terminado.

Era domingo pela manhã, e estávamos sentadas nos mesmos lugares quando entrou um homem pela porta e parou ao meu lado.

– Edna, tem um homem aí. Acho que é teu pai. – não dei muita importância.

– Meu pai?

– É! Igual àquele ali, que tu tens no quadrinho – e apontei com o dedo indicador, sem dar muita atenção para o homem, continuando minha tarefa de agenda.

– Mais aquele ali não é meu pai!

– Não? E quem é, então?

– Você tem certeza que é o mesmo do quadro?

– Tenho! Tenho!

– Olhei para Edna, e seus olhos marejaram.

– O que aconteceu?

– O homem do quadro é o Dr. Bach. – disse ela, limpando os olhos.

Virei minha cabeça para o homem ao meu lado e pensei: Que fora!

– Ah! Então você é o Dr. Bach! Nossa, é parecido mesmo com a foto do quadro.

Quase morri de vergonha, mas ele não me deixou ficar mais constrangida do que estava. Logo perguntou:

– Quer fazer um floral para você?

– Eu quero!

– Então pega as lâminas das flores, ali. – e apontou para onde estavam, perto de Edna.

– Edna, rápido, me dê as lâminas que ele vai passar um floral pra mim.

Ela, nervosa:

– Tá... Tá... Aqui.

Segurei em minhas mãos aquele montante de 38 lâminas e ele passou as instruções.

– A pilha da direita é não. A pilha da esquerda é sim. Talvez eu tenha que repassar a pilha do não, algumas vezes, até chegar ao núcleo do que será a receita para o paciente. Entendeu?

– Sim! Mas como vou ter certeza de qual pilha? Não conheço essa técnica.

– Não precisa conhecer! Pronto?

– Sim! Vamos lá! – respondi, apreensiva. E fechei meus olhos físicos.

Quando eu errava a pilha, ele batia com o dedo na mesa e o som mais forte ficava perto da pilha, aí eu escutava.

Percebi que meus pensamentos me impediam de "ver" com mais clareza o que ele mostrava; era quando ele substituía pelo som.

Acabei de fazer a minha receita através do próprio Dr. Bach e foi muito bom.

– O senhor pode fazer uma receita para o meu filho? – perguntei, em voz alta.

– Sim!

Peguei as lâminas, fechei os olhos e disse:

– Estou pronta!

Em dois toques estava pronta a receita. Na segunda eu já estava mais descontraída e entendendo melhor o que ele queria.

– Mara, pergunta se ele faz uma para mim também.

– A Edna também quer! Pode ser?

– Sim!

– Estou pronta! – e lá fui eu, feliz da vida.

E assim tivemos três receitas maravilhosas do próprio Dr. Bach.

Ele terminou e foi embora, sem me dar muita importância. Fiquei feliz do mesmo jeito.

Ficamos nós duas vendo no que precisávamos trabalhar na visão do mestre da natureza.

Fiquei em São Paulo trabalhando a semana toda e vim embora.

No mês seguinte estávamos nós duas novamente no mesmo lugar falando dos acontecimentos do mês.

De repente, mais calmo e já sendo reconhecido, entra na sala o Dr. Bach, falando o seguinte:

– Teremos modificações na clínica e na forma de atender os pacientes.

– Você! – apontando para mim. – Atenderá o paciente na maca normalmente, como sempre fez. Irá ler do folheto somente dois, no máximo três parágrafos. Sairá da sala para dar uma volta lá embaixo, ir ao banheiro etc. Voltará com Edna e sentará nesta ponta da mesa que eu passarei a receita para o paciente. O paciente não pode levantar antes de eu terminar a receita. Depois disso você convidará o paciente para sentar-se à mesa e você vai se retirar da sala. Eu disse se retirar! Sua área não é floral (foi bem enfático nisso). Em seguida, Edna, que já está sentada na sua cadeira, fazendo a ficha do paciente, falará dos florais de Bach a ele. Enquanto isso você (apontou para mim) já vai dando início em outro paciente na outra sala, entendeu? – perguntou para mim.

– Sim!

– O paciente já sai daqui com o floral manipulado pela Edna e a partir de agora eu sou o coordenador desta clínica. Mais para a frente haverá outras modificações, e no momento certo serão informadas.

Na segunda-feira seguinte começamos a trabalhar dessa forma. Tivemos alguns problemas com pacientes que não queriam florais, mas no mês seguinte tudo ficou estabilizado.

Dr. Bach inseriu no tratamento duas figuras maravilhosas: uma é Helena Blavatsky; a outra é Nora, sua secretária. "Vendo" o trabalho desses seres maravilhosos, tive a oportunidade de conhecê-los melhor. No dia a dia Helena é muito espirituosa e carinhosa comigo. Gosto dos seus abraços laterais.

A clínica agora é um lugar mais fácil para trabalhar, ficou sincronizada, não preciso mais quebrar a cabeça para resolver os problemas. O Dr. Bach é que se encarrega disso, nos trazendo as soluções e a cura para os pacientes com a essência de suas flores.

Foi assim que o conheci, suas flores, sua equipe e seu AMOR por nós.

Mensagem

Um grande presente para a humanidade: assim podemos definir os florais de Bach! É importante olhar para esses presentes de modo especial, com olhar de amor, de respeito, não apenas com nossa visão racional.

Como é lindo olhar para um canteiro de flores que proporcionam a cura emocional. Isso não vale somente para as mulheres.

Edward Bach foi um Grande Espírito que trouxe a este planeta as essências das flores para quebrar os egos que trazemos do passado ou que foram implantados.

Também foi discípulo de Saint Germain – meus aplausos a essa grande pessoa!

Sou grata a esse espírito, que me orienta a receitar florais para meus pacientes mostrados pela clarividência, isto é, por ele mesmo.

Conclusão

As experiências pessoais e o atendimento de pacientes descritos ao longo desta obra procuram descortinar o mundo espiritual. Meu objetivo é mostrar que o mundo físico é só uma fração do que a maioria das pessoas está acostumada a presenciar.

Aquilo que nossos olhos físicos nos apresentam é um lado apenas. Existem duas partes: a que só pode ser vista com o coração e a que só pode ser vista com os olhos da alma.

Num mundo cheio de acontecimentos rápidos, muitas vezes nos flagramos julgando as pessoas por suas atitudes, por seus gestos. A espiritualidade nos mostra que julgar nos faz iguais àqueles que desejam ver o mundo apenas de sua perspectiva pessoal, individual e egoísta.

Você pode se perguntar: como justificar ou entender um homem que conversa com pedras e cria jardins que proporcionam a cura para os mesmos indivíduos que o chamam de estranho e de maluco? Não há explicação racional para certos fatos da vida.

Que dizer daquele indivíduo que passa pelo mundo sem se conectar com a luz, e padece, deixando seu corpo ir se perdendo, literalmente apodrecendo? Será que podemos julgar? Não; devemos apenas prestar atenção à lição que o amor nos conta. Um corpo é só um corpo; para existir vida é preciso haver alma, o Eu Sou se expressando.

Espero que cada história tenha servido de aprendizado. Que sirva sempre para ensinar a olhar para a vida com os olhos do coração, com os olhos da alma, com a espiritualidade. Isso não vai fazer de nós pessoas sem problemas, mas certamente nos fará seres mais conscientes, mais capazes de lidar com o diferente.

Assim, abriremos as portas da nossa percepção para a expressão do Eu Sou, que é Deus em Ação Agora!

**Este livro foi impresso pela
Prol Editora Gráfica para a Rai Editora Ltda.**